# Liebe und Kompatibilität von Sternzeichen

## Alina A. Rubi und Angeline A. Rubi

### *Lohnt es sich, sich zu verlieben?*

*Wenn du geboren wirst, ist es ein leeres Buch. Wir kommen ohne vorsätzliche Ideen auf die Welt, wir unterstützen keine bestimmte Position, wir haben keine Religion, wir gehören keiner politischen Partei an. Wenn es Zeit ist zu gehen, hat dieses Buch alle seine Seiten darauf geschrieben.*

*Im Buch unseres Lebens haben die interessantesten Kapitel meistens mit unseren Erfahrungen in der Liebe zu tun. Liebe, aufregend und anregend, komplex und herausfordernd, immer voller außergewöhnlicher Momente und auch Verwirrung, Leidenschaft und Angst; vor allem aber von vielen Ausrutschern. Manchmal gibt es so viele Liebesenttäuschungen, dass wir uns fragen, ob Liebe es wirklich wert ist; Und wenn wir die Chance hätten, in der Zeit zurückzureisen, würden wir einige Seiten dieses Buches umschreiben, um anders zu handeln und einige dieser unglücklichen Momente zu vermeiden.*

*All das oben genannte ist ein Fehler, denn wenn wir Liebe geben, wird sie niemals verschwendet. Auf jeden Fall wäre es besser, mit Dankbarkeit zurückzublicken für die Möglichkeit, die uns gegeben wurde, lieben zu können. Es ist ein Fehler zu denken, dass Liebe bedeutet, uns zu verfolgen und sich Sorgen darüber zu machen, ob wir gewinnen oder verlieren, und selbst wenn eine Beziehung in Enttäuschung endet, gibt Liebe immer Leben. Wir sollten niemals mit der Erwartung lieben, dass unsere Beziehung zu einem Ende im Stil einer Disney-Geschichte führen wird, wir sollten mit Zuversicht lieben, dass Liebe ein Geschenk ist, das es immer wert ist, gegeben zu werden. Wenn wir es lieben, so zu denken, wird ein trauriges Ende* niemals die Kraft haben, die Liebe ihres Wertes zu berauben, denn Liebe ist unsere Investition in eine andere menschliche Seele, egal wie es ausgeht. Liebe ist das, was wir geben sollen, ohne eine Gegenleistung zu erwarten.

Leider ist es unvermeidlich zu denken, dass es sich nicht lohnt, wenn so viele Ehen auseinandergerissen, dysfunktionale Beziehungen und Familien auseinandergerissen werden. Wenn Ihre Zweifel von all dem sozialen Chaos herrühren, sind sie vernünftig. Die unzähligen verliebten Seelen und Jahrhunderte der Kunst, Poesie und anderer Formen der Liebesauslegung, die Ihnen vorausgehen, können jedoch nicht ignoriert werden, und obwohl die romantische Liebe gelegentlich übertrieben wird, macht dies ihren Wert nicht ungültig.

Wenn Sie der Liebe skeptisch gegenüberstehen, denken Sie daran, dass ihre Bedeutung nicht "Wir werden für immer glücklich sein" ist. Liebe wird dich in einem Sumpf ertrinken lassen, dich ins Gesicht schlagen und dich zerbrechlich fühlen lassen. Der höchste Punkt der Liebe ist jedoch größer als die Tiefen des Meeres. Sich zu verlieben lohnt sich, denn Liebe ist real und existiert immer noch.

In unserer Gesellschaft haben viele Menschen keine Ahnung, was wahre Liebe ist. Die moderne Unterhaltungsindustrie hat ein sehr verdrehtes Bild der Liebe nuanciert und viele Köpfe verschmutzt. Soziale Medien haben auch nicht viel geholfen, da sie hauptsächlich von "jungen Erwachsenen" genutzt werden, die oft ein ziemlich schlechtes Verständnis davon haben, was Liebe ist, und sie stellen alles falsch dar.

Vergiss nie zu lieben, denn sich zu verlieben bedeutet, das Leben zu umarmen, jeden Moment zu genießen und die Überzeugung zu haben, dass wir Schöpfer sind. Aus diesem Grund versuchen Sie nicht, das

*Buch neu zu schreiben, im Gegenteil, fühlen Sie sich glücklich für all die Menschen, mit denen Sie besondere Momente geteilt haben. Diese Seiten sind ein echtes Geschenk für Ihr Alter.*

*Mächtig und charismatisch, Widder, das erste Zeichen des Tierkreises, wenn es um Liebe und Romantik geht, ernährt sich Widder von Feuer, seinem natürlichen Element.*
*Bekannt für sein unberechenbares Temperament und seine Zärtlichkeit, ist Widder facettenreich, wenn es um Liebe geht.*

*Ein Teil dessen, was Widder so erfolgreich macht, ist seine Anziehungskraft und sein natürliches Können, die er mit seiner angeborenen Begeisterung und seinem Optimismus anzieht und alle seine Beziehungen durch seine ansteckende Lebensfreude aufpeppt.*

*Da es sich um ein so ehrgeiziges Zeichen handelt, ist es nicht verwunderlich, dass Widder eine perfekte Beziehung anstrebt. Widder kann Ihnen sagen, dass die ideale Assoziation diejenige ist, die frei von Argumenten ist, aber in Wirklichkeit ist dieses Zeichen mit einer aufregenden Dosis Spannung zufriedener. Er mag es, zu gewinnen, und der Wettbewerb fordert ihn heraus, seine besten Qualitäten zu zeigen.*

*Wenn Sie ihn beschäftigen wollen, stellen Sie sicher, dass Sie seine Siege erkennen. Alle Feuerzeichen (Widder, Löwe und Schütze) erfordern eine Audienz, aber Widder ist vielleicht der kühnste, der sein Bedürfnis nach Bestätigung zeigt, und Sie werden immer eine glückliche Beziehung zum durchsetzungsfähigen Widder haben, wenn Sie jedes Wort mit einem Ausrufezeichen anstelle eines Fragezeichens beenden.*

Widder' Ego ist Teil seiner kosmischen Konfiguration, gelegentlich mag er arrogant sein, aber sein Ego ist nicht schlecht. Tatsächlich beginnt der gesamte Tierkreis dank des Selbstbewusstseins des Widders. Der lebhafte Geist des Widders ist belebend und inspirierend, aber es kann schwierig sein, da Widder ständige Aufmerksamkeit erfordert, die, wenn sie nicht gut gehandhabt wird, Sie erschöpfen kann. Es ist wichtig, dass Widder-Paare lernen, nein zu sagen, auch wenn es bedeutet, gelegentlich einen Wutanfall zu ertragen.

Sie müssen sich daran erinnern, dass Widder immer Grenzen austestet, also seien Sie nicht überrascht, wenn Ihr Widder-Partner gelegentlich etwas Unangemessenes sagt oder tut. Dies ist ihre Art zu messen, was sein kann, und es kann nicht zugänglich sein, also wenn Ihr Widder-Partner etwas falsch macht, stellen Sie sicher, dass Sie es ihm sofort sagen.

Dieses Feuerzeichen respektiert persönliche Grenzen, so dass er, sobald er die Parameter ihrer Beziehung versteht, sicherstellen wird, dass er alle seine Anforderungen erfüllt.

Widder muss jederzeit gepflegt und unterstützt werden, und obwohl er stark projiziert, ist er tatsächlich empfindlich, wenn Sie also bereit sind, die Rolle des emotionalen Animators zu spielen, wird Ihr Widderpartner ewig dankbar sein.

Widder ist sehr ehrgeizig und möchte Teil eines Paares sein, das privat und öffentlich glänzt, aber wenn die Bestrebungen des Widderpaares ihn übertreffen, wird dieses feurige Zeichen ein wenig neidisch. Wenn dies geschieht, machen Sie sich keine Sorgen, finden Sie einfach eine Chance, seine Leistungen zu feiern, und er wird sicher eine Quelle der Dankbarkeit ausstrahlen.

Spiele in Liebe zu spielen ist nicht ratsam, denn bei Widder sind die Dinge anders, da er Herausforderungen genießt.  Sie sollten jedoch keine Manipulation verwenden, da Widder direkt ist und es nichts gibt, was er mehr hasst, als verspottet zu werden. Sie können scherzen und spielerisch sein, aber am Ende des Tages stellen Sie sicher, dass Sie es immer mit ehrlichen Absichten tun.

Widder liebt Komfort und schätzt Stil, also wenn Sie nach neuen Wegen suchen, um seine Aufmerksamkeit zu bekommen, haben Sie keine Angst, aufzufallen, er fühlt sich zu herausfordernden Modeentscheidungen, hellen Farben und furchtlosen Mustern hingezogen. Mismatches fangen sein brennendes Herz ein, und weil er Freude liebt, wenn er beobachtet, dass Sie Spaß haben, werden Sie sofort Anziehung hervorrufen.

Widder wird von Leidenschaft angetrieben, wenn es also um langfristige Beziehungen geht, ist es wichtig, dass Sie neue und aufregende Wege finden, um die Flamme der Liebe ständig brennen zu lassen.

Sex ist dem Widder wichtig, Körperkontakt sorgt dafür, einen Widder zu befriedigen. Sie wollen immer das Gefühl haben, dass die Beziehung eine Wahl ist, keine Verpflichtung, folglich werden sie den Funken am Leben erhalten, indem sie ihre Beziehung von Zeit zu Zeit mit Abenteuer, Drama und natürlich einem Streit durchdringen. Kämpfen, denken Sie daran, ist eigentlich gesund für Widder, da es Ihr Feuer am Brennen hält und wenn Sie jemals eine Beziehung mit Widder für eine lange Zeit hatten, wissen Sie, dass die Beziehung irgendwann an einen Scheideweg kommt.

Da Widder dazu neigen, in Beziehungen einzutauchen, ist es für ihn sehr wichtig, Momente der Reflexion zu haben, da er die Freiheit braucht, die Auswirkungen seines langfristigen Engagements zu berücksichtigen.  Daher müssen Sie ihm Raum geben, um seine Optionen abzuwägen und zu einer Entscheidung zu kommen. Nach ein wenig Nachdenken wird Ihr Widder-Partner sicherlich aufgeregter in die Beziehung zurückkehren.

Als **Widder** hinzukommt, denkt **Widder** an eine Atombombe.  Das ist eine mächtige Kraft. Eine Widder-Widder-Kombination ist eine Dosis Ungeduld multipliziert mit zehn, und jeder wird ständig Sicherheit und Stabilität von seinem Partner verlangen. Glücklicherweise verstehen sie sich, also wenn sie bereit sind, und jeder sanft mit den Gefühlen des anderen umgeht und ihnen Raum gibt, natürlich ohne emotional distanziert zu werden, kann dies eine ausgezeichnete langfristige Beziehung sein, die mit viel Spaß, Abenteuer und Leidenschaft gefüllt ist.

Das einzige Hindernis in dieser Beziehung ist der Kampf der Egos, Widder ist wettbewerbsfähig und hat es schwer, aufzugeben, der Beste in etwas zu sein. Dies wird das Hauptthema sein, an dem gearbeitet werden muss, um die Beziehung stabil zu machen.

Dieses Paar ist ein Treffen zweier energetischer Geister, und insgesamt ist es eine positive Beziehung. Beide fühlen sich dazu hingezogen, neue Dinge auszuprobieren, aber sie müssen lernen, zusammenzukommen.

Widder hat eine natürliche Großmut, aus diesem Grund müssen sie lernen, sich abzuwechseln, um ihren Geschmack zu befriedigen. Widder ist transparent mit seinen Gefühlen und das hilft zwei Widdern, einander niemals mit Falschheit oder Heuchelei zu behandeln.  Wenn Widder sich verliebt, ist es ein wunderbares Paar, dem Sie vertrauen können. In einem Paar, das aus zwei Ari besteht, kommt keine Langeweile auf. Ihre Fähigkeit, Diskrepanzen auszugleichen, macht sie zu einer feurigen und durchdringenden Beziehung.

Wenn **sich** Widder und **Stier** vereinen, dürfen wir nicht vergessen, dass Stier offensichtlich stur ist, und wenn Widder sich herausgefordert fühlt, kann er stur sein. Wenn dies geschieht, können sie kollidieren und einen titanischen Konflikt erzeugen.

Es gibt jedoch eine unglaubliche Leidenschaft in der Widder-Stier-Beziehung. Widder liebt es, vom einzigartigen Stier umsorgt zu werden, und Stier schätzt Widders listige Lebenseinstellung.
Um diese Beziehung zu gewährleisten, müssen sich die beiden wohl und geschützt fühlen.

Dies kann eine Beziehung sein, in der Sie beide viel lernen, Stier kann dem Widder beibringen, seine unpraktischen Impulse zu kontrollieren, und der Widder kann den Stier anweisen, abenteuerlustiger zu sein. Stier ist raffiniert, konform und aufmerksam. Widder fühlt sich von diesen Fähigkeiten absorbiert. Widder nimmt Stier als seinen Stab wahr, völlig stabil. Stier sieht Widder als jemanden, der weiß, wie man die Chancen des Lebens nutzt.
Wenn sich beide Zeichen an dieses Spiel erinnern, kann diese Beziehung gut sein.

**Widder und Zwillinge** sind verspielt, spontan, aber beide langweilen sich leicht. Diese Zeichen erfordern viel Stimulation, aber dieses Paar ist ausgezeichnet, um das Interesse jedes einzelnen aufrechtzuerhalten. Die beiden genießen es immer, gemeinsam Wochenendausflüge zu unternehmen, Partys zu schmeißen und sich gegenseitig zu inspirieren. Sowohl Widder als auch Zwillinge sind leicht zu unterhalten, weshalb diese beiden Zeichen Überstunden machen müssen, um zu verhindern, dass die Beziehung zerbricht. Hier ist es wichtig, sich daran zu erinnern, dass eine Beziehung nicht nur Erholung, Lachen und Spiel ist, sondern auch Verantwortung und Weihe.

**Widder und Krebs,** es ist ein bisschen eine inkonsistente Beziehung. Krebs ist enorm empfindlich, und Konflikte können entstehen, wenn Widder fühlt, dass sein Feuer durch die Schwäche des Krebses erloschen ist.  Widder und Krebs sind jedoch Schöpfer, und wenn sie zusammenarbeiten, ermutigen sie sich gegenseitig, ihr volles Potenzial auszuschöpfen.  Auf den ersten Blick ist Widder der Anführer, der immer bereit ist, sich jeder Herausforderung zu stellen, aber Krebs ist heimlich durch emotionale Meisterschaft und die Fähigkeit, die Situation zu berechnen, verantwortlich.   Wenn beide Partner einander mit Liebe behandeln, kann dies zu einer dauerhaften Beziehung führen.

**Widder und Löwe,** wenn sie sich vereinen, brennen brillant. Sowohl Widder als auch Löwe sind leidenschaftlich, dynamisch und voller Leben, so dass sie, wenn sie romantisch miteinander verbunden sind, unaufhaltsam sind. Widder und Löwe genießen es, die Flammen des anderen mit großen Manifestationen der Zuneigung und einem Wirbelwind des Dramas zu erfrischen.  Trotzdem kann es Probleme in Eden geben, wenn Leo von Widder kindlicher Wildheit enttäuscht ist und Widder sich mit Leos sperrigem Snobismus unwohl fühlt. Das Widder-Löwe-Paar macht jedoch Spaß und bildet zusammen eine hervorragende Kombination.

**Widder und Jungfrau** sind ein seltenes Paar. Jungfrau ist gewissenhaft, gründlich und enorm gründlich. Widder hingegen kann nicht mit Kleinen belästigt werden. Ein Widder-Jungfrau-Paar hat ernsthafte Anfälle von Gewohnheiten. In Wirklichkeit kann sich Jungfrau mit Widder unterrichten und lernen, sich zu entspannen, während Widder erkennen, kann, dass die Aufmerksamkeit auf Details nichts Höllisches ist. Wenn sowohl Widder als auch Jungfrau einander mit Einsicht behandeln, kann Gehorsam für ihre Unvereinbarkeiten eine effektive Beziehung schaffen.

**Widder-Waage.** Im Tierkreis sind diese beiden Zeichen Gegensätze, Widder ist das Zeichen des Selbst, während Waage das Zeichen von uns ist; Widder ist ein Kämpfer, während Waage Harmonie ist. Widder ist ein Schöpfer, während Waage ein Intellektueller ist. Die beiden kommen jedoch in Brüderlichkeit zusammen, bilden ein außergewöhnlich dynamisches Paar mit einer starken sexuellen Anziehungskraft. Die Beziehung von Widder und Waage bietet ein Gegengewicht, das jede ihrer besten Eigenschaften unterstützt. Waage schätzt Harmonie in einer Union und wird alles tun, um sie zu bewahren. Jeder trägt zur Beziehung bei, was dem anderen fehlt, und erreicht eine wunderbare Harmonie.

**Widder und Skorpion** teilen eine unglaubliche Begeisterung, wenn auch mit unterschiedlichen Möglichkeiten, ihre Energien zu zeigen. Widder staunt darüber, direkt in den Kampf einzutauchen, während Skorpion sich dafür entscheidet, einen Raum einzurichten und ihn aus der Ferne im Auge zu behalten. Trotz ihrer Diskrepanzen ist eine Widder-Skorpion-Beziehung losgelöst und voller Sex, weil diese warmblütigen Liebhaber.   Ihre Verbindung ist sehr leidenschaftlich und oft streitsüchtig, weil beide Partner eifersüchtige Tendenzen haben.

**Widder-Schütze** ist eine attraktive Beziehung. Widder zündet die Kerze an und gibt sie dann an Schütze weiter, der damit ein rustikales Feuer erzeugt. Schütze ist eine kraftvolle, eine Energie, die das Sodbrennen des Widders erhöht. Diese beiden sind unkontrollierbar. Sie sollten jedoch sehr vorsichtig sein, da dies eine unfallträchtige Beziehung ist, da Widder immer in Eile ist und Schütze dazu neigt, alles außer dem Offensichtlichen zu betrachten. Es ist ein bisschen schwierig, diese Beziehung aufrechtzuerhalten, weil ihr beide viel Energie habt, um neue Dinge zu beginnen, aber nicht viel Motivation, weiterzumachen. Widder ist sensibler als der festliche Schütze, daher müssen beide sicherstellen, dass sie einander zuhören und sich gegenseitig unterstützen.

**Widder und Steinbock** mögen auf den ersten Blick etwas unähnlich erscheinen. Widder wird von einer anfänglichen Dynamik beeinflusst, während Steinbock zweifellos das fleißigste Zeichen ist und durch langfristigen Erfolg stimuliert wird. Tatsächlich klettert Steinbock langsam nach oben, während Widder schnell seinen Weg macht. Sie haben erheblich ungleiche Möglichkeiten, mit der Welt zu interagieren, aber sie können als Paar sehr gut zurechtkommen. Der effektive Steinbock genießt die Haltung des Widders, während der hastige Widder die außergewöhnliche Präzision des Steinbocks schätzt und dies eine Vereinigung schafft, die inspirierend und befriedigend ist. Widder muss darauf achten, nicht gegen Steinbock zu arbeiten, der wiederum versuchen muss, die glühende Seele des Widders nicht zu befeuchten.

**Widder und Wassermann** können eine dauerhafte Beziehung haben. Widder ist ein solides und spontanes Zeichen, ändert aber seine Form leicht, wenn es mit Wassermann verbunden ist, einem Zeichen, das für sein distanziertes und kaltes Mitgefühl bekannt ist.   In Wirklichkeit ist es jedoch der Widder, der alles tut, um den Wassermann anzupassen.  Beide Menschen schätzen die Freiheit, aber die Neigung des Widders zur Besitzgier kann dazu führen, dass Wassermann sich selbst schützt. Obwohl sie diese besondere Verbindung haben, sehen sie die Welt mit anderen Augen.  Mit Wassermann an seiner Seite wird Widder hart arbeiten, um zu versuchen, frei zu denken, und obwohl es sicherlich eine Zeit der Anpassung geben wird, ist die Beziehung sehr charmant.

**Widder und Fische** sind eine ganz besondere Kombination. Wie die ersten und letzten Tierkreiszeichen bilden die beiden ein kraftvolles karmisches Duo, das auf Weisheit, Vernunft und Intuition basiert. Widder ist ruhig mit der balsamischen Energie der Fische, und die sanften Fische werden vom feurigen Geist des Widders elektrisiert. Fische verstehen Widder tief und dies kann helfen, jede Art von Problem zu lindern.  Fische wissen, wie man verhindert, dass Widder unverhältnismäßig rücksichtslos wird. Zusammen bilden sie ein dynamisches Duo, wenn sie die Aufrichtigkeit des Widders mit der intuitiven Schärfe der Fische verbinden. Obwohl diese beiden sicherstellen müssen, dass sie die Unterschiede des anderen respektieren, gibt es hier eine besondere Gelegenheit für diese Zeichen, einander zu helfen, die Gesamtheit der menschlichen Erfahrung zu verstehen.  Zusammen können sie ein positives Ende für jeden Plan haben, für den Sie sich entscheiden. Sie können viel voneinander lernen. Fische lehren Widder, sich einzufühlen, und Widder zeigt Fischen, wie sie ihre Träume verwirklichen können. Wenn sie eine Beziehung eingehen, laufen die Dinge für beide sehr gut, das heißt, sie werden von ihrer Vereinigung genährt. Sie sind aufrichtige Menschen in ihren Beziehungen, und am Ende der natürlichen Schärfe, die Widder und Fische besitzen, werden sie helfen zu entdecken, dass ihre Beziehung besser funktionieren kann, als sich irgendjemand vorstellen kann.  Jemand, der so hellsinnig ist wie Fische, braucht einen irdischen Partner, der seine Füße auf dem Boden hat und dieser wird im Widder zu finden sein.

# Stier

*Es ist leicht, sich in Stier zu verlieben. Dieses Zeichen ist reines Gedicht und Leidenschaft. Beherrscht von Venus, dem Planeten der Liebe, genießt Stier das gute Leben und wird sich in der Tat nie mit weniger zufrieden geben, als es verdient, eine Besonderheit, die den Titel des hartnäckigsten Tierkreiszeichens erobert hat.*

*Von Venus regiert, liebt Stier Romantik, weiß, wie man sich verliebt, und liebt es, Freier zu sein, also weiß er natürlich, wie man verführt. Stier ist leidenschaftlich, nimmt seine Verantwortung ernst und will einen Partner fürs Leben, weil er so traditionell ist.*

*Es gibt nichts, was Stier mehr begeistert als dieses Gefühl der Geborgenheit.  Stier ist beliebt dafür, ein stabiler, bodenständiger und ehrlicher Verlobter zu sein.  Etwas sehr Wichtiges, das Sie beachten sollten, ist, dass Sie vor der Treue Stier füttern und trinken müssen, als gäbe es kein Morgen.  Für den Estar, der so mit der Venus verwandt ist, zirkuliert seine Form der Verführung um Erotik, also wenn Sie bereit sind, sich zu verlieben oder machen Sie sich bereit für eine All-Inclusive-Reise durch Echos und Aromen.*

*Weil stier so eng mit der materiellen Welt verbunden ist, genießt er es, seine Anbetung durch Geschenke auszudrücken, und würde es niemals wagen, Ihnen billige Dinge zu geben.  Stier wird seine Bewunderung mit einem Geschenk zeigen, das Ihren Geist einfängt. Das ist nicht altruistisch, er erwartet eine Gegenleistung.*

*Stier muss nicht wissen, dass Sie es schätzen und dass die Beziehung gegenseitig ist. Schließlich erwartet er jedes Mal, wenn Stier eine Vorliebe oder Abneigung äußert, dass Sie sich daran erinnern. Achten Sie sehr auf die Kommentare Ihres Stier-Partners, Sie sollten sich sogar einige Notizen machen.*

*Wenn er andeutet, dass er Kürbispudding liebt, sagt er, dass er darauf warten wird, dass Sie einen kaufen.  Obwohl Stier mit Sinnlichkeit imprägniert ist, ist es sehr wichtig, dass Sie das Limit nicht überschreiten. In der Tat wird dieses irdische Exemplar sehr misstrauisch gegenüber jemandem mit einer groben Herangehensweise sein, also nehmen Sie sich die Zeit, ihr Vertrauen zu gewinnen.*
*Stier, wenn es um Liebe geht, hat es nicht eilig, also nutzen Sie die Gelegenheit, ruhig voranzukommen und die Beziehung sich natürlich entwickeln zu lassen.*

*Es dauert eine Weile, bis er sich öffnet, weil er den ganzen Prozess genießt, und für dieses venusische Paar ist das Verlieben eine unglaublich magische Erfahrung, die es wert ist.  Stier schätzt Sicherheit und neigt dazu, sich zu Paaren zu bewegen, die ihre Ansichten über Finanzen, Beruf und Familie teilen.*

*Da all diese Punkte für sie so wichtig sind, ist es einfach, ihre Absichten von Anfang an abzuschätzen. Ja, wenn Stier Sie beim dritten Date nach Ihrem Einkommen, Ihren Karrierewünschen oder Ihrem Traumhaus fragt, können Sie davon überzeugt sein, dass Sie interessiert sind oder ernsthaft voranschreiten.*

*Sex ist eine sehr wichtige Sache für Stierliebhaber. Folglich ist die Handlung selbst nicht so wichtig wie ihre Vorbereitung.*

*Das Vorspiel ist das, was Sie am meisten begeistert, und wie alles mit diesem und dem Sohn der Venus sollte es eine vollständige sensorische Erfahrung sein. Vergessen Sie nicht: Stier liebt die Tradition, und diese geweihten Gesten der Anbetung werden gut ankommen und die Atmosphäre schaffen, die einem äußerst leidenschaftlichen Abend förderlich ist. Die erogene Zone des Stiers ist der Hals, so dass das Küssen in diesem Bereich Sie verrückt machen wird. Obwohl Stier gerne mit seinem Partner zusammen ist, braucht er auch viel Zeit allein, um sich verwöhnen zu lassen, er nimmt seine Selbstpflegerituale ernst und vor allem, wenn sein Raum bedroht ist, kann er durchaus besitzergreifend oder mit seiner Umgebung werden.*

*Denken Sie niemals daran, die heiligen Objekte des Stiers zu berühren. Etwas ohne Schaden zu nehmen, ist für ihn eine Kriegserklärung.*

*Denn dieses Zeichen gibt jedem Besitz Wert und kümmert sich um alles, was er besitzt, und dies kann schnell in leichte Hortentendenzen ausarten, auf keinen Fall etwas wegwerfen, was dem Stier gehört. Es lohnt sich nicht, mit deiner Wut Risiken einzugehen. Und mit seinem luxuriösen Geschmack gibt es fast nichts, was es wert ist, weggeworfen zu werden.*

*Für Stier steht Qualität über Quantität. Mit anderen Worten, Ihrem Stierpartner wird es egal sein, wie viele Brieftaschen Sie haben, solange sie luxuriös sind. Wenn es um eine dauerhafte Beziehung zu Stier geht, ist Geld wichtig. Natürlich bedeutet das nicht, dass Sie sich zu Milliardären hingezogen fühlen oder ausschließlich werden.*

*Tatsächlich ist das Objekt nicht so wichtig. Was wirklich unterscheidet, ist, wie Ihr Partner sein Einkommen verdient und spart.*

*Stellen Sie sicher, dass Sie immer den wohlverdienten Erfolg Ihres Stierpartners erkennen.*
*Es scheint ein bisschen komplex oder dieses Zeichen, aber sobald Sie anfangen, sich an diesen Lebensstil anzupassen, werden Sie auch feststellen, dass all dies gerechtfertigt ist.*

*Stier liebt Essen, der Weg zum Herzen des Stiers führt durch Ihren Magen, so dass die sinnlichsten Beziehungen immer ein Gourmet-Essen beinhalten.*

*Wenn **Stier** und **Widder** sich zunächst verbinden, kann **Stier** ein wenig vorsichtig sein, wenn es darum geht, eine Beziehung zum impulsiven Widder aufzubauen. Obwohl er die Energie des Kriegers oder des Tierkreises sehr schätzt, kann der Stier weise vorgehen. Sobald Widder jedoch ihre Festigkeit unter Beweis stellt, können diese beiden ein äußerst dynamisches Duo bilden, wobei Widder brillante Ideen hervorbringt und der umsichtige Stier gute Empfehlungen gibt. Wenn beide Zeichen Ihre Tendenz vermeiden können, zu denken, dass sie immer richtig sind, können einander unschätzbare Lektionen beigebracht werden, die eine langfristige Beziehung bilden.*

***Stier und Stier**, es ist eine großartige Beziehung.  Sie teilen eine Vorliebe für gehobene Küche, heiße Duschen und Körpermassagen. Dieses Paar ist außerordentlich magnetisch. Wenn sie zusammenkommen, können sie den ganzen Tag in Umarmungen verbringen.  Aber wenn alles zu gut oder in dieser Dynamik ist, kann Langeweile aufkommen.  Jeder Partner muss den anderen aktiv pushen, um seine Träume zu verwirklichen. Andernfalls könnte dieses Duo auf unbestimmte Zeit auf einer Couch landen und Netflix-Serien essen Eis essen.*

**Stier und Zwillinge,** *es scheint ein schwieriges Paar zu sein. Zwillinge, spricht sehr schnell und ist witzig, etwas, das den passiven Stier nervös macht, dass es schwierig ist, die Motive der Zwillinge zu verstehen. Stier könnte am Ende seine Bedürfnisse mit diesem schnelllebigen Lebensstil kompromittieren, und Zwillinge auf der anderen Seite könnten zunehmend ungeduldig mit Stier' sorgfältiger Verarbeitung werden, was ihn dazu bringen könnte, die Beziehung zu verlassen. Wenn dieses Paar jedoch einen Konsens erzielen kann, wird die Beziehung ausgewogen sein. Zwillinge werden dem Stier beibringen, sich zu entspannen, während der Stier Zwillinge dazu inspirieren wird, gemächlicher zu gehen.*

*Zwischen* **Stier und Krebs** *gibt es unglaubliche Ähnlichkeiten, da sie zwei Zeichen sind, die Sicherheit und Stabilität schätzen und sich sehr um die Pflege einer häuslichen Umgebung kümmern. In diesem kosmischen Duo wird Krebs die emotionale Struktur erleichtern, während Stier sich darauf freuen wird, den physischen Raum, den sie teilen, zu dekorieren. Sowohl Stier als auch Krebs können jedoch besitzergreifend sein. Ohne gesunde Kommunikation kann sich dieses Paar gegeneinander wenden und zunehmend temperamentvoll und eifersüchtig werden.*
*Stier sollte sich bemühen, die emotionale Seite des Krebses zu verstehen, der seine Emotionen oft zurückhält, was gelegentlich Probleme verursachen kann. Am Ende ist dies der Grund, warum Krebs sich von Stier' ehrenhafter Persönlichkeit verzaubert fühlt. Obwohl verbale Kommunikation kein starkes Merkmal von beiden ist, würde diese Beziehung durch aufrichtigen Dialog gedeihen.*

**Stier und Löwe,** *teilen viele Interessen Denkmal. Ob Sie superteuren Wein trinken, ein schickes Restaurant besuchen oder Kleidung von den besten Designern kaufen, Stier und Löwe kombinieren, weil sie* *beide Luxus mögen. Wenn jedoch Kreditkartenrechnungen ankommen oder sie auf ihre Bankkonten schauen, merken die beiden schnell, wie unterschiedlich ihre Ansichten sind.*

*Stier schätzt Investitionen, während Leo Prahlerei feiert. Stier und Löwe sind loyal und fleißig, und ihre Eitelkeit und Sturheit können zu ernsthaften Herausforderungen führen. Wenn diese beiden hartnäckigen Zeichen jedoch aufmerksam sind und versuchen, nachzugeben, haben sie das Potenzial für eine wunderbare Zukunft.*

***Stier und Jungfrau*** *sind Erdzeichen und wenn verwandte Elemente zusammenkommen, bilden sie eine sofortige Verbindung zu.   Die Stier-Jungfrau-Beziehung basiert auf Vernunft, da beide Zeichen Pragmatismus schätzen. Der Stier ist jedoch etwas launisch im Vergleich zur verdächtigen Jungfrau. Stier weiß definitiv, wie man sich verwöhnen lässt, während Jungfrau lieber auf Nummer sicher geht. Letztendlich ist dieses Paar stark, weil Jungfrau die Qualitäten des Stiers zutiefst respektiert und bewundert, wie sie die Pracht des Lebens feiert. Stier schätzt die Liebe zum Detail, die Jungfrau auszeichnet. Diese beiden Zeichen haben viel Ähnlichkeit, und wenn sie Patienten sind, können sie zusammenarbeiten, und das Paar bietet ein unglaubliches Potenzial für die Evolution.*

***Stier und Waage,*** *beide Zeichen, werden von Venus regiert, dem Planeten der Liebe, Schönheit und des Geldes.  Sie bilden eine romantische Kombination, da die hartnäckige Stiersensibilität durch die ruhige Diplomatie der Waage ausgeglichen wird und der Ästhetizismus der Waage durch die häuslichen Leidenschaften des Stiers perfektioniert wird. Diese beiden Zeichen stimmen in vielen wichtigen Fragen überein, obwohl sich das Rind manchmal, wenn die besitzergreifende Persönlichkeit des Stiers durch die beharrliche* soziale Interaktion der Waage beeinträchtigt wird, unausgeglichen fühlt.  Aber das ist wirklich nicht besorgniserregend, denn schließlich werden diese Konflikte im Bett gelöst, wo das Taurus-Waage-Paar wirklich mit bewundernswertem Sex glänzt.

**Stier und Skorpion,** sind entgegengesetzte Zeichen, hier ist die Anziehung wirklich automatisch.  Beide lieben Wohlstand. Stier konzentriert sich mehr auf sich selbst als Skorpion, der sich mehr um seinen Partner und seine unmittelbare Familie kümmert.  Die beiden haben ein extremes Bedürfnis nach Sicherheit, das in der Beziehung verwurzelt ist, projizieren es aber unterschiedlich. Stier schätzt Moral und Aufrichtigkeit und verabscheut Ehebruch, aber der Skorpion liebt es nicht, zurückhaltend zu sein.
Der Wunsch eines Skorpions nach Sicherheit basiert auf seinem Bedürfnis, kontinuierlich von seinem Partner beschützt zu werden.

Obwohl in dieser Beziehung nicht alles perfekt ist, weil Stier materiellen Komfort verlangt, während Skorpion emotionale Kontrolle sucht, können sie, wenn sie zusammenkommen, ein großartiges Paar bilden, das auf gegenseitigem Respekt basiert.


**Stier und Schütze** werden wechselseitig verrückt, seltsamerweise fühlen diese beiden Zeichen eine unbestreitbare Anziehung zueinander.
Der Schütze schätzt die Entscheidungsgewalt des Stieres, und obwohl der nomadische Lebensstil des Schützen die Ruhe des Stieres bedroht, ist er fasziniert von seinem ungeduldigen Geist.  Der Sex ist fantastisch zwischen diesem Paar, jeder lehrt den anderen, etwas auszuprobieren.
Verschieden. Aber außerhalb des Schlafzimmers müssen diese beiden danach streben, eine integre und dauerhafte Beziehung

aufrechtzuerhalten.  Stier muss dem Schützen Raum geben, und der Schütze muss Frieden in der häuslichen Sphäre des Stiers finden. Wenn jeder lernt, die Unterschiede des anderen zu akzeptieren, gibt dieses

**Stier und Steinbock** sind ein sehr kompatibles Paar. Stier bewundert Steinbocks unerschütterliches Bestreben intensiv, und Steinbock liebt die Eleganz und Häuslichkeit des Stieres.  Beide sind Menschen mit vielen Fähigkeiten und Beinen auf dem Boden, die sich perfekt verstehen. Natürlich ist in allen Beziehungen Arbeit vorhanden und in diesem Fall müssen sich beide Parteien bemühen, sich anzustrengen. Stier wird versuchen, den gleichmütigen Steinbock zu ermutigen, eine vergebliche Anstrengung für dieses Zeichen, Sohn des Herrn des Karmas, und ebenso, als Zeichen des Erdelements, wird Steinbock versuchen, den Stier anzuweisen, Verantwortung zu tragen, aber wenn sich diese beiden Zeichen auf ihre Ähnlichkeiten konzentrieren und nicht auf ihre Unterschiede können sehr gut funktionieren.

**Stier und Wassermann** sind ein Melodram. Traditionelle Ansichten des Stiers sind veraltet im Vergleich zu den Liberalen des Wassermanns, deren Kreativität sich in einer rebellischen künstlerischen Extravaganz niederschlägt. Während der Stier Organisation und Wohlbefinden fordert, wird der Wassermann vom abstrakten oder intellektuellen angeregt. In der Tat gibt es vielleicht keine so kompromisslosen Zeichen wie diese beiden, so dass das Stierpaar mit Wassermann sehr schwierig ist. Wenn Stier und Wassermann nach einer Beziehung suchen, sollten sie sich auf Engagement, Geduld und Toleranz konzentrieren, um eine reine Beziehung zu gewährleisten.  Beide Zeichen müssen lernen, durch gemeinsame Interessen zu kommunizieren. Auf diese Weise werden sie eine starke und stabile Beziehung haben.


**Stier und Fische** haben ein unglaubliches Potenzial als Paar. Die Kreativität der Fische erweckt die effiziente Vision von Tau rus zum Leben, und die Kohärenz des Stiers bietet ein Unterstützungssystem für Fische, um ihre Einzigartigkeit zu entdecken. Es gibt eine unglaubliche Vereinigung zwischen diesen beiden Zeichen, obwohl sie sehr unterschiedlich sind. Die Beweglichkeit der Fische kann den stabilen Stier unangenehm machen. Wenn ein Konflikt entsteht, muss Stier sehr vorsichtig mit Ungleichheiten sein. Fische sind sehr emotional und wenn Sie sich selbstbewusst fühlen, könnten Sie für immer weg sein. Mit ein wenig Interesse und Mühe kann von hier aus eine Beziehung ohne Verfall geboren werden.

## Zwillinge

**Zwillinge** sind ein Luftzeichen, das sich ohne Probleme unter Ihren Freunden, Partys und Rumba-Nächten entwickeln kann. Zwillinge werden von Merkur, dem Planeten der Kommunikation, regiert, so dass Sie immer interessante Themen finden können, bevor Sie sich unterhalten.

Zwillinge sind ein ausgezeichneter Anekdotiker, und ihre dynamische Energie und Anziehungskraft ziehen romantische Paare an. Menschen, die eifersüchtig sind, sollten wissen, dass Zwillinge nicht allein sind, da er immer Fans und Anhänger hat. Wenn Zwillinge seine Emotionen äußerlich ausdrücken, liebt er es zu decken. Dieser Selbstausdruck ist für den quirligen Zwilling von größter Bedeutung, daher muss er alle Kommunikationswege offen und bereit sein, Informationen zu erhalten.

Eigentlich ist es ihm egal, wie seine Ideen vermittelt werden, die Handlung, seine Gedanken zu teilen, ist wichtiger als das, was er sagt. Es gibt nichts, was Zwillinge mehr verachten als Freizeit, er ist immer beschäftigt. Er hört nicht auf, mit seinen vielfältigen Unterhaltungen, Neigungen und sozialen Verpflichtungen Tricks zu machen. Dieses Luftzeichen mag sich darüber beschweren, überarbeitet zu sein, aber wenn Sie Ihren Tagesablauf analysieren, sind alle Ihre Besorgungen optional, was zeigt, dass die Zwillingsagenda nichts anderes ist als das Ergebnis Ihrer exklusiven Dualität.

*Zwillinge lieben es, ihre Gedanken und Ideen zu teilen, aber sie wissen nicht, wie man zuhört, sie sind leicht abgelenkt, also ist es wichtig, dass Sie sicherstellen, dass Ihr Zwillinge-Paar auf Sie achtet. Wenn Sie zufällig sehen, dass er sich vom Gespräch entfernt, zögern Sie nicht, es ihm zu sagen und ihn daran zu erinnern, dass Kommunikation zwischen zwei ist. Es ist nicht einfach, Zwillings Interesse aufrechtzuerhalten, tatsächlich weiß er nicht, wie er konzentriert bleiben soll. Sie haben alles gesehen und der beste Weg, Ihren Blick festzuhalten, ist, ihn auf den Füßen zu halten. Nehmen Sie die notwendigen Änderungen vor und vergessen Sie nicht, dass Sie niemals Ihre Werte oder Bedürfnisse kompromittieren sollten. Wenn Sie Zwillinge kennenlernen, haben Sie Spaß daran, Ihre eigene Multi-Vielfalt zu entdecken. Die Verführungstechnik, die mit Zwillingen funktioniert, ist zu sprechen, und als das vielseitigste Zeichen wird es Ihnen gerne seine Hobbys und Interessen erzählen.*

*Da es so merkwürdig ist, ist der Umgang mit diesem Zeichen wie ein Blick in den Spiegel, da es die wunderbare Fähigkeit hat, das zu reflektieren, was Sie ihm sagen. Das mag seltsam erscheinen, aber es liegt wirklich in der Natur dieses Zeichens. Die Verabredung mit einem Zwilling ist eine anregende Erfahrung, Sie müssen vorsichtig sein, da Zwillinge ständige Stimulation benötigen, was es manchmal schwierig macht zu wissen, was emotional tief ist. Stellen Sie sicher, dass Sie sich Zeit nehmen, um mit Ihrem Zwillingspartner ohne Ablenkungen zu sitzen und abzuhängen, und erinnern Sie ihn daran, dass angenehme Empfänge niemals verschwendete Zeit sind.*

*Zwillinge lieben Sex, aber es ist eine andere Form der Kommunikation. Zwillinge haben einen starken sexuellen Appetit, und um ihn zu erregen, nur ein paar aufschlussreiche Kommentare. Wenn es darum geht, schmutzig zu reden, hat Gemini eine Enzyklopädie geschrieben, damit Sie ihn begeistern können, indem Sie genau* erklären, was Sie gerne im Bett tun.  Auf diese Weise wird er gleichzeitig fühlen und analysieren, eine Kombination, dass er orgastisch ist.

Eine der Besonderheiten von Gemini ist, wie schnell es sich von den verheerendsten Fehlern erholen kann. Im Gegensatz zu anderen Zeichen wird er nicht von seinem Ego regiert. Er mag es, Spaß zu haben, also lässt er sich von seinem Ego nicht in die Quere kommen, also wenn er einen Fehler macht, wird er nicht defensiv.  Wenn Zwillinge sich entschuldigen müssen, wird er dies sofort tun. Obwohl diese Qualität super respektiert wird, ist sie nicht ganz großzügig. Zwillinge erwarten, dass Sie seine Entschuldigung mit der gleichen Eile annehmen.  Zwillinge sind am glücklichsten, wenn er beschäftigt ist, und sobald sein Kalender zu entspannt wird, findet er einen Weg, die Dinge umzukehren. Es ist nicht so, dass es ihm Angst macht, was passiert, ist, dass er sich nicht gerne langweilt.

All dies kann für Zwillingspaare eine Herausforderung sein. Stabile Beziehungen erfordern viel Sorgfalt, und Zwillinge können es nicht einfach anbieten, also wenn Sie in einer Beziehung sind, müssen Sie sicherstellen, dass Sie Ihre Beziehungen priorisieren.

Da dieses Luftzeichen bereit ist, alles mindestens einmal, manchmal aber auch zweimal auszuprobieren, genießt er es, verschiedene Aspekte seiner Persönlichkeit durch seine romantischen Beziehungen zu erkunden.

Obwohl er es nicht projiziert, sucht Gemini nach einer ruhigen Tür, die seinen intimen oder familiären Raum ausgleicht, da er für Modifikationen bereits genug mit la hat.  Dieses Luftzeichen ist ständig auf der Suche nach, wem es eine gute Beziehung pflegen kann, und aus gutem Grund ist es immer umherschweife.

**Zwillinge und Widder** sind eine starke Beziehung mit allen Arten von Dynamiken, einschließlich Freundschaft und Romantik. So auch Widder, da Zwillinge ihre Fehler genießen und die Dynamik des anderen schätzen. Mit ihren Witzen, Codewörtern und Spaß bringen Zwillinge und Widder das Beste auseinander heraus. Die Gefahr besteht jedoch darin, dass weder Zwillinge noch Widder besonders gut darin sind, die Nacht zu beenden.
In diesem Paar ist es wichtig, dass jemand keine Verantwortung übernimmt. Andernfalls kann es für diese Partyliebhaber schwierig sein, eine gesunde, emotional starke Beziehung zu pflegen.


**Zwillinge und Stier** sind keine angenehme Beziehung, aber wenn beide engagiert sind, können sie eine dauerhafte Beziehung bekommen.  Stier, mit seinem starken Charakter, hat nie Angst, Grenzen zu setzen.  Zwillinge haben eine völlig andere Art, die Welt zu sehen, daher versteht er Stier' eifriges Verlangen nach Sicherheit nicht. Wenn sie jedoch zwischen Beständigkeit und Vergänglichkeit verhandeln können, können sie sich gegenseitig unschätzbare Lektionen erteilen. Wenn Stier und Zwillinge bereit sind, wesentliche Veränderungen vorzunehmen, um die Bedürfnisse des anderen zu kompensieren, hat diese Beziehung das Potenzial, herausfordernd und unterhaltsam zu sein.


**Zwei Gemini** ist wie eine Party am helllichten Tag. Sie verstehen esund werden nie müde. Das Problem mit diesem Paar ist, dass ihnen möglicherweise die Perspektive fehlt. Damit ein Zwilling²-Beziehung langfristig erfolgreich ist, muss jeder sicherstellen, dass er zuhören lernt. Beide werden viele innovative Ideen haben, aber wenn einer von ihnen nicht bereit ist, Stabilität zu bieten, riskieren sie, die Kontrolle zu verlieren und die Beziehung zu töten.

**Zwillinge und Krebs** können eine schöne Beziehung aufbauen, wenn sie es wünschen.  Krebs hat eine sehr charakteristische Einstellung zum Leben, weil er sehr kenntnisreich und intuitiv ist und viel Liebe und Bestätigung braucht, um sich sicher zu fühlen. Auf den ersten Blick mag es so aussehen, als könnte das Zwillinge-Gehirn diese Art von Setup niemals anbieten, aber Zwillinge sind flexibel. Wenn Krebs weiß, wie man Ihre Bedürfnisse direkt kommuniziert, wird Zwillinge sich bemühen, Ihre Anforderungen zu erfüllen.
Die tiefen Emotionen und die Sensibilität des Krebses werden auch durch Zwillings Distanz herausgefordert. Wenn Zwillinge jedoch seine Maske abnehmen, kann dies ein Paar sein, dass es wert ist, behalten zu werden. Letztendlich, während diese Beziehung einige Anstrengungen und Investitionen erfordert, können diese Zeichen eine mitfühlende und unterhaltsame Verbindung aufbauen.


**Zwillinge und Löwe** sind der Geist jeder Party, zusammen bilden sie ein effektives und aktives Paar, das Sie bemerken und hören müssen. Leo wird verführt, um das Zentrum des Geschehens zu sein, und es gibt nichts, was Zwillinge mehr verführt, als Feierlichkeiten zu finden. Diese beiden sozialen Botschafter sind glücklich in Treffen, unterscheiden sich aber in vielen Punkten.

Leo liebt es, vor der Öffentlichkeit zu glänzen, aber am Ende sucht er nach einer ehrlichen Beziehung.  Zwillinge hingegen sind nicht daran interessiert, jemanden zu beeindrucken. Tatsächlich kümmert sich Zwillinge darum, sein eifriges Verlangen nach Neugier zu stillen. Wenn Leo Vertrauen aufbauen will, wollen Zwillinge Spaß haben. Infolgedessen kann Leo Zwillinge als unsensibel schätzen, während Zwillinge von Leos Bedürfnis frustriert sein können.

*Durch Kommunikation können sie jedoch lernen, eine Beziehung zu haben, die auf Verfolgung und Spaß basiert.*

**Zwillinge und Jungfrau** *werden von Merkur, dem Planeten der Kommunikation, regiert, teilen aber ein erhabenes Verständnis und eine Wertschätzung für den Ausdruck. Trotz dieses Einflusses haben diese beiden Zeichen jedoch sehr unterschiedliche Möglichkeiten, Informationen zu vermitteln. Zwillinge sind alle ausweichend, während Jungfrau eminent Zugang ist.*

*Zwillinge sind aufschlussreich und schnell mit seinen Gedanken, während Jungfrau, eine scharfsinnige Analytikerin und Verarbeiterin, Ideen erst bevorzugt, nachdem sie sie richtig organisiert hat.*

*Infolgedessen erfordert eine Beziehung zwischen diesen beiden Zeichen, dass sie hart arbeiten, um sicherzustellen, dass sie sich gleichermaßen teilen und hören. Andernfalls wird Zwillinge wahrscheinlich das Gespräch monopolisieren, während Jungfrau eine schweigsame Wut auf seinen exorbitant gesprächigen Kameraden speichert. Zwillinge, ist gesellig und kann Jungfrau auch hektisch oder eifersüchtig machen, aber wenn jedes Zeichen seine Wachsamkeit fallen lässt und beschließt, Spaß zu haben, hat diese Beziehung Potenzial.*

**Zwischen** *Zwillingen und* **Waage** *gibt es eine sofortige Verbindung, wenn sie gekoppelt sind.  Beide sind in voller Balance ausgerichtet. Die beiden haben lustige Gespräche, charmante Geschichten und viele fabelhafte Festlichkeiten.  Spannungen können jedoch entstehen, wenn Waage mit seinem Glamour von Zwillings Witzen enttäuscht ist. Die Wahrheit ist, dass Zwillinge über alles mit jedem sprechen, der* *alles hat, und Waage ist selektiver, wenn es darum geht, ein Gespräch zu beginnen, etwas, das Zwillinge ein bisschen anmaßend finden können. Wenn jedoch jedes Zeichen in der Lage ist, sich an die Annäherung des anderen zu halten, kann das Paar lange dauern.*

**Zwillinge und Skorpion** *sind ungleich. Zwillinge sind zu sehr mit den vielen Emotionen des Lebens beschäftigt, um sich in ein bestimmtes Drama zu verstricken, während Skorpion es niemals wagen würde, seine Wachsamkeit aufzugeben, wenn er nicht wüsste, dass es Realität ist. Interessanterweise werden Zwillinge und Skorpion auf kraftvolle und verführerische Weise angezogen. Zwillinge werden vom spirituellen Skorpion hypnotisiert, und Skorpion ist damit beschäftigt, Zwillings Zuneigung zu gewinnen. Zuerst wird die Beziehung durch Verlangen stimuliert, aber sobald das Paar eingerichtet ist, müssen sie sich einigen wichtigen Schwierigkeiten stellen. Der findige Zwilling braucht Freiheit, während der mächtige Skorpion unerschütterliche Loyalität fordert. Und während Zwillinge flexibel sind, klammert sich der Skorpion an seine Gefühle, daher ist es wichtig, dass beide üben, die Wege des anderen zu lesen. Dieses Paar ist nicht einfach, aber sie haben eine außergewöhnliche Chemie, besonders sexuell, und das kann diese Beziehung die ganze Arbeit wert machen.*

**Zwillinge und Schütze** *sind kompatibel, in der Tat ist dieses Paar eines der dynamischsten im gesamten Tierkreis. Diese Zeichen sind von Natur aus Vagabunden und wenn sie zusammenkommen, bilden sie ein unglaublich exquisites Power-Paar, das Erholung liebt. Sie haben verwandte Lebensansätze und nähern sich der Welt mit der gleichen Raserei und dem gleichen Optimismus. Zwillinge und Schütze sind natürliche Erzähler, und die mentale Stimulation* zwischen diesen beiden Zeichen bewirkt, dass Neuronen mit hoher Geschwindigkeit projizieren. Grundsätzlich ist es eine Beziehung, die nicht viel Arbeit erfordert, aber sie sollten ihre Beziehung nicht als selbstverständlich betrachten. Jede Beziehung erfordert Vertrauen und Engagement, also müsst ihr beide sicherstellen, dass ihr euch nicht zu viele Freiheiten nehmt.

Indizien kann das Ego des Schützen Probleme verursachen, aber Zwillinge mit seinen Suggestionsfähigkeiten werden wissen, wie man die Umstände kanalisiert. Offensichtlich hat der Schütze viel zu rühmen, aber er sollte bescheidener sein.


**Zwillinge und Steinbock,** es ist eine Beziehung, die viel Hingabe erfordert. Steinbock ist von Zwillingen betäubt. Das am härtesten arbeitende Sternzeichen versteht nicht, wie jemand, der so unberechenbar ist, so viele Erfolge erzielen kann. Während Steinbock die Arbeit verschleißt, zeigt Zwillinge wie ein Zauberer die vielfältigen Wege, auf denen er Erfolg hat, und lässt Steinbock erstaunt und völlig verliebt zurück. Durch Kommunikation können diese beiden allmählich lernen, sich besser zu verstehen. Um eine gesunde Beziehung aufzubauen, muss Steinbock zustimmen, dass Zwillinge ihre Meinung häufig ändern. Zwillinge müssen seinen Denkprozess dem Steinbock mitteilen, damit sein irdischer Gefährte die Gründe für seine unverhältnismäßigen Sinnesänderungen begründen kann. Kurz gesagt, die Dynamik dieser Beziehung mag funktionieren, aber sie wird die Weihe auf beiden Seiten erfordern.


**Zwillinge und Wassermann** haben ähnliche Vorstellungen. Wassermann ist sehr fasziniert von den einfühlsamen Zwillingen, und diese wiederum ist begeistert von der unabänderlichen Haltung und *der zutiefst humanitären Leidenschaft des Wassermanns. Zwillinge und Wassermann verstehen sich mit Reife und wissen, wie man die Vorstellungskraft des anderen mit einem großartigen Dialog schärft. Wassermann ist jedoch für seine extremistischen rebellischen Ideen bekannt, die zwar wunderbar sind, Zwillinge jedoch ärgern können, die normalerweise Vertrautheit der Rebellion vorziehen. Trotz einer kleinen Ellipse des Unterrichts ist es für diese beiden leicht zu lernen, zusammen zu sein. Diese Beziehung kann sich im Laufe der Zeit in eine formelle und dauerhafte Romanze verwandeln.*


***Zwillinge und Fische*** *haben eine komplexe Beziehung. Da Zwillinge von Zwillingen personifiziert werden, trägt dieses Luftzeichen seine Dualität auf dem Gesicht. Auf der anderen Seite sind mehrere Profile von Fischen mit bloßem Auge weniger sichtbar. Das Zeichen der Fische stellt zwei vereinte Fische dar, die sich in entgegengesetzte Richtungen bewegen und ihre Beziehung sowohl zum feinstofflichen als auch zum irdischen Bereich symbolisieren.*
*Da beide zwei Gesichter haben, verstehen sie das Bedürfnis des anderen nach Freiheit und Forschung. Allerdings sind weder Zwillinge noch Fische gut darin, Grenzen zu schaffen, also muss dieses Paar hart kämpfen, um eine Dynamik zu schaffen. Fische, ist sensibel und kann die Zwecke vermuten, die sich hinter der listigen Subtilität der Zwillinge verbergen. In der Zwischenzeit werden Zwillinge wahrscheinlich denken, dass Fische zu dramatisch sind. Um zu arbeiten, muss dieses Paar ehrlich und ohne Spiele kommunizieren.*

## *Krebs*

*Krebs* ist ein Wasserzeichen, das durch eine Krabbe symbolisiert wird, die zwischen dem Meer und seinem Ufer geht, eine Fähigkeit, die sich auch in ihrer Fähigkeit widerspiegelt, emotionale und körperliche Zustände zu verschmelzen. Die Intuition des Krebses, die von seinem emotionalen Teil herrührt, manifestiert sich auf greifbare Weise, und da Sicherheit und Ehrlichkeit für dieses Zeichen von größter Bedeutung sind, kann es zunächst etwas kalt und distanziert sein.

Der Krebs offenbart nach und nach seinen sanften Geist und auch sein echtes Mitgefühl und seine psychischen Fähigkeiten. Wenn Sie Glück haben und sein Vertrauen gewinnen, wird er feststellen, dass er trotz seiner anfänglichen Schüchternheit gerne mitmacht. Für diesen Liebhaber ist das Paar das beste Geschenk und belohnt Beziehungen mit ihrer unzerstörbaren Loyalität, Verantwortung und emotionalen Unterstützung. Er neigt dazu, ziemlich häuslich zu sein und sein Haus ist ein persönlicher Tempel, ein Bereich, in dem er seine Persönlichkeit ausdrücken kann.

Mit ihren heimischen Fähigkeiten ist die Krabbe auch ein erhabener Wirt. Seien Sie nicht überrascht, wenn Ihr Krebspartner Ihnen gerne mit hausgemachtem Essen schmeichelt, denn es gibt nichts, was sie mehr lieben als natürliches Essen. Krebs macht sich auch große Sorgen um seine Freunde und Familie und liebt es, Wächterrollen zu übernehmen, die es ihm ermöglichen, leidenschaftliche Bindungen zu seinen engsten Gefährten aufzubauen. Aber vergessen Sie nie, dass, wenn Krebs emotional in jemanden investiert, sie riskieren, die Grenze zwischen Pflege und Kontrolle zu verwischen.

Krebs hat auch eine wankelmütige Natur wie der Mond und Neigung zur Instabilität. Krebs ist das mürrischste Tierkreiszeichen. Ihre Partner müssen lernen, ihre emotionalen Variationen zu schätzen, und natürlich muss Krebs auch ihre eigene Sensibilität kontrollieren. Seine Verteidigungsgewohnheiten haben eine gegnerische Seite und wenn er sich provoziert fühlt, wird er nicht zögern, in die Defensive zu gehen. Krebs muss sich daran erinnern, dass Fehler und gelegentliche Kämpfe seinen Partner nicht zu seinem Feind machen. Darüber hinaus müssen Sie sich energisch bemühen, in Ihren Beziehungen präsent zu sein.

Als emotionales und introspektives Zeichen ist es leicht für dich, dich die meiste Zeit in dich selbst zu verschließen, und wenn du in einer Beziehung nicht präsent bleibst, ist dein Partner beim nächsten Mal, wenn du aus deinem Schneckenhaus herauskommst, möglicherweise nicht mehr an deiner Seite. Krebs weiß, wie man zuhört, und sobald er aus seinem Krabbenschale herauskommt, ist er ein emotionaler Schwamm. Ihr Krebspartner wird Ihre Emotionen absorbieren, was manchmal unterstützend sein kann, aber manchmal ersticken kann. Es ist nicht einfach zu sagen, ob Krebs Sie nachahmt oder sich wirklich in Sie einfühlt, aber da sie so mit ihrem Partner verbunden sind, macht es keinen Unterschied.

Wenn die emotionale Unterstützung von Krebs Ihre Persönlichkeit behindert, ist es am besten, sie loszulassen. Dieses empfindliche Zeichen wird selbst von der subtilsten Meinung leicht in Frage gestellt, und obwohl er direkte Konflikte vermeidet, indem er in Winkeln geht, kann er auch seine Backenzähne benutzen. Dieses charakteristische sorglose und provokative Verhalten wird erwartet, *und es ist selten, Krebs zu daten, ohne seine charakteristische schlechte Laune mindestens einmal auszuprobieren.*

*Aufgrund der Sensibilität von Krebs ist es nicht einfach, damit zu argumentieren, aber im Laufe der Zeit werden Sie lernen, welche Wörter Sie sagen und vielleicht noch wichtiger, was Sie vermeiden sollten. Seien Sie sich bewusst, was Ihren Partner stört, und mit der Zeit wird es einfacher sein, schwierige Dialoge zu führen. Es ist wichtig zu wissen, wie diese magische Kreatur in ihren besten und schlimmsten Momenten funktioniert. Letztendlich ist das Wichtigste, woran man sich erinnern sollte, dass Krebs nie so gleichgültig ist, wie es aussieht.*

*Am schwierigsten bei Krebs ist es, seine harte und starre Oberfläche zu durchdringen. Aus diesem Grund ist Toleranz der Schlüssel beim Flirten mit Krebs. Halte ein langsames und gleichmäßiges Tempo, und mit der Zeit wirst du das Selbstvertrauen gewinnen, dein wahres Selbst zu offenbaren. Natürlich kann dies ein langer und komplizierter Prozess sein, und der kleinste Fehler kann Krebs in die Defensive bringen, so dass sich zwei Schritte vorwärts in einen Schritt zurück verwandeln können. Neverbe entmutigt, es ist nicht persönlich, es ist nur die Physiologie einer Krabbe.*

*Krebs kann Gelegenheitssex haben, aber dieses Süßwasserzeichen bevorzugt Beziehungen, die emotionale Intimität haben. Denken Sie daran, dass Krebs ausgebucht sein muss, bevor er sein Gesicht verlässt, und dies ist besonders wichtig, wenn es um Sexualität geht. Für die Krabbe nährt sich das Vertrauen von körperlicher Nähe. Sie können beginnen, eine sexuelle Beziehung mit Krebs zu kultivieren, indem Sie sich nach und nach integrieren, seinen Rhythmus und seine Liebkosungen berücksichtigen. Dies wird es Krebs ermöglichen, sich mit der Verschmelzung von emotionalem und körperlichem Ausdruck* wohler zu fühlen, um sicherzustellen, dass sie sich geschützt fühlt oder bevor sie anfängt, Liebe zu machen.

Obwohl Krebs geduldig ist und dazu neigt, loyal zu sein, da er sich geschützt fühlen und verstehen oder von seinem Partner verstehen muss, kann er Intimität in einer anderen Person suchen, wenn er das Gefühl hat, dass diese Anforderungen nicht erfüllt werden.

Krebs kann sehr bösartig sein, so dass jede geheime Beziehung berechnet wird, und eine streunende Krabbe wird es notwendig machen, ihren Müll mit ins Grab zu nehmen und zusätzliche Maßnahmen zu ergreifen, um zu verhindern, dass die Begegnung entdeckt wird, indem die Beweise in der Küste vergraben werden.

Tatsächlich werden selbst die treuesten Krabben Geheimnisse haben, aber das bedeutet nicht, dass sie schlecht oder böse sind. Jeder verdient es, bestimmte Dinge privat zu halten, außerdem wird ein kleines Geheimnis der Beziehung eine Note verleihen.

Krebs findet es nicht leicht, eine ernsthafte und engagierte Beziehung aufzubauen, und wenn er sich sicher fühlt oder nicht, wird er wollen, dass es zerbricht.

Krebs neigt dazu, in Beziehungen zu bleiben, auch nachdem die Funken gestorben sind, weil Krebs einfach ein Sentimental im Herzen ist. Aber natürlich sind nicht alle Beziehungen prädestiniert für die Ewigkeit.

Dieses Wasserzeichen soll nicht rachsüchtig sein, aber wenn dein Herz gebrochen ist, weißt du, wie man Grenzen setzt. Wenn Sie Ihre Telefonnummer löschen, Sie blockieren und Ihnen in sozialen Medien nicht mehr folgen, können Sie sich während einer Trennung vor

Schmerzen schützen. Also, wenn Ihre Beziehung zu Krebs zu Ende geht, erwarten Sie, eine gründliche Liste von Regeln zu erhalten. Krebs kann idealistisch sein, und dieses Wasserzeichen sucht sicherlich seine Transkription einer Romanze. Es interagiert jedoch auf unterschiedliche Weise mit jedem Sternzeichen.

**Krebs und Widder**, es ist eine schwierige Beziehung. Die ehrgeizige Haltung des Widders unterscheidet sich von der tiefen Zärtlichkeit des Krebses. Infolgedessen kann sich Widder von der Notwendigkeit von Krebs ertränkt fühlen, und Krebs kann sich von der positivistischen Natur des Widders verlassen fühlen.

Krebs wird auch durch direkte Konflikte gestört und weicht wie sein astrologisches Symbol, die Krabbe, lieber schwierigen Situationen aus, als sich dem Konflikt frontal zu stellen, was die häufigste Form des Widders ist. Widder mag diese passiven Tendenzen nicht sehr, so dass diese Beziehung manchmal schwierig sein kann. Wenn Krebs ein Paar mit Widder bildet, muss er eine direktere Perspektive auf die Konfliktlösung einnehmen.
Widder werden ihre Gelassenheit einschätzen, und diese Argumentation wird es beiden Zeichen ermöglichen, eine unzerstörbare Vereinigung zu schaffen. Wenn sie lernen zu respektieren, können sie eine dauerhafte Beziehung erwarten, die auf Liebe und Unterstützung basiert.

**Krebs und Stier** sind beide romantisch und wissen, wie sie sich selbst die emotionale Unterstützung geben können, die sie brauchen. Obwohl sie dazu neigen, besitzergreifend zu sein, bringt Stier dem sensiblen Krebs Sicherheit und Loyalität, und der sanfte Verführungsstil des Krebses zieht ihn an. Reibung entsteht erst, wenn *beide anfangen, sich gegenseitig Vorwürfe zu machen. Wenn der Krebs eifrig an seiner Zange schleift, wird Stier anfangen, seinen Groll in etwas zu packen, das in einem titanischen Stierkampf explodieren wird. Günstigerweise können sie Spannungen vermeiden, indem sie aufrichtig kommunizieren und die Geschenke des anderen schätzen.*

**Krebs und Zwillinge** *sind eine lustige Beziehung. Der sensible und aquatische Krebs braucht viel Zuneigung von seinem Partner, um sich sicher und geliebt zu fühlen. Zuerst werden Sie sich fragen, wie die spontanen Zwillinge, der so viel Freiheit genießt, seine verschiedenen Interessen zu erkunden, sich einfügen kann. Als Zeichen für veränderbare Luft ist es jedoch auch sehr flexibel. Wenn Krebs seine Anforderungen klar mitteilen kann, wird Zwillinge daran arbeiten, sie zu erfüllen. Zwillinge können auch gleichgültig und einsam sein, während Krebs ein Wasserspeier von Emotionen ist, aber wenn Zwillinge bereit sind, sich in Krebs einzufühlen, kann dies eine affektive und ziemlich unterhaltsame Beziehung sein.*

**Krebs und Krebs** *können eine dauerhafte Beziehung sein. Wenn sich zwei Krebstiere verbinden, ist es ein Liebesroman. empfindlich und instinktives Know-how, um die emotionale Unterstützung zu erleichtern, die der andere anstrebt. Beide sind gemütlich und genießen es, Zeit miteinander zu verbringen, warm im Bett oder im Sessel oder eine gemütliche Atmosphäre an dem Ort zu schaffen, den sie teilen. Schwierigkeiten können jedoch auftreten, wenn sie sich sehr wohl fühlen. Wenn diese Meeresliebhaber daran denken, sich gegenseitig zu ermutigen und ihre harten Krabbenschale zu öffnen, um einander voll zu vertrauen, kann dies eine unsterbliche Beziehung sein.*

**Krebs und Löwe,** ist nicht gerade ein einfaches Paar, bedeutet nicht, dass es unwahrscheinlich ist, da seltsamerweise die Krabbe und der Löwe wirklich viel gemeinsam haben. Auf ihre Weise fordern sowohl Krebs als auch Löwe Liebe, Dankbarkeit und Bestätigung.

Während der dramatische Löwe Komplimente und Loyalität sucht, will der sensible Krebs gebraucht und verstanden werden. Das Rezept für den Konflikt zwischen diesen Zeichen ist offensichtlich. Löwe, der so dramatisch ist und sich nach dem Applaus seiner Umgebung sehnt, zusammen mit Krebs, häuslich, führt dazu, dass letzterer sich wenig geliebt fühlt, was Leo dazu bringt, die Trockenheit des Krebses als etwas Persönliches zu betrachten und hier beginnen sie zu streiten. Wenn jedoch sowohl Krebs als auch Löwe ihre Gefühle managen, ist es nicht schwer, diese Art von Konflikt zu vermeiden.

Ein offener Dialog und viel Zärtlichkeit werden dazu beitragen, diese romantische Beziehung zu stärken.

**Krebs und Jungfrau,** obwohl **es** offensichtliche Unterschiede zwischen ihnen gibt, weil Krebs sich durch Emotionen bewegt, während Jungfrau es durch Logik tut, können sie ein kräftiges Paar bilden, obwohl Sie sie dafür ein wenig täuschen müssen. Als Krebs und Jungfrau sich kennenlernen, hat die Beziehung viele Stolpersteine und schreitet häufig voran und fällt zurück. Sobald jedoch Vertrauen aufgebaut ist, ist dieses Paar wirklich tief. Obwohl sich zunächst keiner von ihnen dazu hingezogen fühlt, über seine Gefühle zu sprechen, können sie, wenn sie gleichermaßen involviert sind, Sicherheit in ihrem gegenseitigen Respekt und Selbstvertrauen finden.

**Krebs und Waage,** *zu Beginn der Balz, verwirrt Krebs zurückgezogene Haltung Waage, die unermüdlich daran arbeitet, das mürrische Krebstier zu beeindrucken. Stattdessen machen Waage Kommunikation und sein sehr kokettes Verhalten Krebs misstrauisch gegenüber seinen Absichten.  Sarkastisch befürchten sowohl Krebs als auch Waage, dass das andere Zeichen ihnen widersprechen wird. Sobald der Krebs jedoch die Besonderheit der Waage akzeptiert und den zärtlichen Geist des Krebses versteht, können beide harmonisch miteinander verbunden sein.*


**Krebs und Skorpion,** *gehören zum Element Wasser, hier ist die Beziehung pastös. Krebs ist eine sehr sensible Kreatur, daher muss er Vertrautheit und Loyalität aufbauen, bevor er seine Schwachstellen aufdeckt. Folglich ist der gleichgesinnte Skorpion ein wunderbarer Partner für das zarte Krustentier. Diese Verbindung basiert auf tiefer Intuition und psychischen Fähigkeiten, so dass Krebs und Skorpion oft mit nicht-oralen Ausdrucksformen kommunizieren können. Krebs und Skorpion können sehr impulsiv sein, beide tragen viele Emotionen, aber sie wissen, wie sie sich gegenseitig helfen können und den Weg für ihre dunkelsten Momente beleuchten.  Am Ende suchen beide dasselbe: Intimität.*
*Skorpion ist sehr besitzergreifend, daher muss Krebs in der Lage sein, sich anzupassen, indem er wiederholt seine Liebe zeigt.*
*Krebs und Skorpion lieben das gute Leben. Haben Sie ein majestätisches Haus und geschmückt mit Luxus.*


**Krebs und Schütze,** *ist eine schwierige, aber nicht unmögliche Beziehung Zunächst kann jede dieser beiden sehr unterschiedlichen Energien von den Unterschieden der anderen angezogen werden.*

*Schütze spricht schnell und fühlt sich vom Geist des Krebses gestärkt, während das Krustentier von der mühelosen Zartheit des optimistischen Schützen verzaubert wird.  Das Bedürfnis nach Schütze-Abenteuern passt nicht gut zu den Hauswünschen von Krebs In einem Paar mit Menschen dieser Zeichen sollte Krebs sich daran erinnern, dass das Haus kein Territorium ist, sondern ein Geisteszustand. In ähnlicher Weise muss Schütze verstehen, dass Stabilität nicht Dungeon bedeutet. Wenn sie bereit sind, ihre Einschätzungen ein wenig zu ändern, gibt es viele Erwartungen an diese Beziehung.*

***Krebs und Steinbock,*** *obwohl astrologisch gegensätzlich, teilen ähnliche Werte: Beide kümmern sich sehr um ihre Familie und Freunde und auch um den Aufbau einer nachhaltigen Zukunft. Obwohl scheinbar weniger emotional als Krebs, schätzt der Steinbock-Arbeiter die krebsartige Sensibilität zutiefst. Auf der anderen Seite kann die Intuition des Krebses der Praktikabilität des Steinbocks eine dringend benötigte Spiritualität verleihen. Die Krebs-Steinbock-Beziehung ist perfekt, weil beide Schilder Spaß daran haben, zu nisten und sichere Räume zu bauen. Da sie jedoch beide Veränderungen fürchten, müssen Krebs und Steinbock hart arbeiten, damit ihre Beziehung nicht stagniert. Schließlich müssen sie sich nicht jede Nacht der Woche am Feuer zusammenrollen. Es ist auch in Ordnung, von Zeit zu Zeit Spaß außerhalb von zu Hause zu haben.*

***Krebs und Wassermann,*** *obwohl diese Beziehung zunächst seltsam erscheint (Krebs ist ziemlich traditionell, während Wassermann fortschrittlich ist), sind beide Zeichen tatsächlich innovative Denker mit brillanten Ideen, wie man kreativ und wirkungsvoll in der Welt lebt. Ihre Perspektiven sind jedoch sehr unterschiedlich. Die Meinungen des Krebses spiegeln immer seine unmittelbare Realität* *wider, während Wassermann auf 30.000 Fuß theoretisiert. Infolgedessen kann es bei einem Krebs-Wassermann-Paar zu Zwietracht kommen.*

*Sie müssen sich bemühen sicherzustellen, dass die Bedürfnisse aller berücksichtigt werden.*


**Krebs und Fische,** *ist eine Beziehung, in der die Krabbe endlich ihren leidenschaftlichen Partner finden kann.  Wenn es etwas gibt, das einen Fisch und einen Krebs verbindet, dann ist es, dass beide der Liebe die wichtigste Position in ihrem Leben geben.   Beide denken, dass Liebe die treibende Kraft ist und dass sie uns Kraft gibt, im Leben zu funktionieren. Die Stärke der Leidenschaft, die die beiden für ihre Partner empfinden, lässt sie sich schneiden und in die Arme fallen.*

*Die einzige Schwierigkeit ist, dass Fische immer durch die Wolken gehen und die Zukunft ignorieren, etwas, das für Krebs von grundlegender Bedeutung ist. Wenn das Krebstier nicht sieht, dass seine Pläne verwirklicht werden, entscheidet er sich, die Beziehung zu beenden.*
*Aber im Allgemeinen haben sie ein ähnliches Gefühl, was sie zu einem beneideten Paar machen wird. Die beiden lieben es, intim zu teilen, und die Wärme von Krebs und Fischen deutet auf eine engagierte Beziehung hin, in der es leicht sein wird, einen Konsens zu erzielen.*

## Löwe

Symbolisiert durch den Löwen, wird dieses Zeichen Sie nicht vergessen lassen.  Obwohl sein Charakter fröhlich ist, hat er auch eine wilde Rauheit, die sein Heulen begleitet. Alles, was Leo tut, ist tragisch und wenn er wütend wird, ist er besser dran, ihm aus dem Weg zu gehen.  Es ist ein fester Unterzeichner, sehr fest in seinen Ideen, konstant in seinen Zielen und hartnäckig in seiner Art zu handeln.

Leo ist ein fleißiger Komplize, der sein Herz in jede Beziehung steckt. Natürlich kann er auch unglaublich kompromisslos sein, aber Sturheit ist immer ein Schimmer seiner Ehrlichkeit. Leo ist vom Drama inspiriert, aber er ist auch zutiefst sensibel, Leo ist zweifellos das emotionalste aller Feuerzeichen, und er fühlt sich leicht verletzt, so dass sein Partner wissen muss, wie er dieses zarte Exemplar pflegen kann.

Loyalität ist für Leo sehr wichtig, also wenn Sie seine Domäne betreten, wird er um absolute Liebe bitten.  Wenn sich dieses Zeichen verletzt fühlt, ist es besser, keine Ratschläge zu geben, Leo sucht Erleichterung, nicht Erinnerungen, und wird sich daher von seinem Partner betrogen fühlen, wenn er anfängt, eine Meinung zu einer Situation abzugeben.
Löwe wird Sie an den Rand bringen, weil er es liebt, herausgefordert zu werden, als Kind weiß er, dass er ein Zodiakalkönig ist und selbst der umsichtigste Löwe wird eine königliche Haltung haben.

*Dieses Schild wird nicht müde, Applaus zu erhalten. Opulente Partys, exklusive Partys und Designerkleidung geben Ihnen das Gefühl, geliebt zu werden. Wenn Sie schauen, denken Sie daran, dass es nicht einfach ist, dem Reim zu folgen. Manchmal kann es schwierig sein, mit einem so strengen Zeichen herauszukommen. Aber am Ende lohnt es sich. Sobald Sie Ihren Platz in Leos Herzen reserviert haben, werden Sie den Thron definitiv nicht aufgeben wollen. Lowe kümmert sich nicht darum, dass sein Partner ein Ego hat, im Gegenteil, der Löwe möchte, dass seine Partnerin eitel und sehr selbstsicher ist. Leo sucht keinen Egomanen, aber diese unerschrockene Kreatur muss sicherstellen, dass sein Partner die Krone mit Würde trägt.*

*Leo schätzt das Konzept eines Paares als Erweiterung seiner selbst. Da dieses Feuerzeichen für seinen Mut in allen Bereichen bekannt ist, von seinen kreativen Unternehmungen bis hin zu seinen Romanzen im Hollywood-Stil, ist es wichtig, dass Sie jemanden zusammenbringen, der wörtlich weiß, wonach Sie suchen. Wenn es um Sexualität geht, kann der feurige Löwe auch im Bett glänzen. Die größte sexuelle Erregung des Löwen besteht darin, sich begehrt zu fühlen. Er ist von Verführung verzaubert, und Zuneigung muss durch ostentative Zitate und romantische Ausdrücke entlarvt werden. Dieses Zeichen heult bei dem Gedanken, begehrt zu sein, besonders wenn dieses brennende Verlangen in leidenschaftliche Liebe übersetzt wird.*
*Dieser feurige Löwe verliebt sich immer, er mag es, wenn seine Romanzen so groß sind wie seine Persönlichkeit, und nichts lässt ihn lauter heulen als schamlose Anbetung. Er muss im Rampenlicht stehen, und so kann er von gefährlichen Romanzen verführt werden. Leo fällt es nicht leicht, sich dem Lob zu widersetzen, also tendiert er zu Glückwünschen. Wenn das Drama vorzeitig endet und Leo verlassen wird, ist es eine andere Geschichte. Zuerst ist seine Reaktion normalerweise schockiert und nach dieser Phase erlebt er verheerende Angstzustände, die sein Leiden zeigen.*

*Selbst wenn es ernst wird, ist der Löwe eine unverwundbare Kreatur, die seinen Weg zurück zum Licht finden wird, weil Leoist fröhlich und furchtlos ist und sich weigert, Misserfolge zu akzeptieren. Leo sucht immer nach einem Partner, der seinen Geist anregt, denn am Ende hasst er Langeweile.*

**Löwe und Widder ist** *eine Beziehung des reinen Feuers, in der es nicht einfach ist, die Flammen einzudämmen. Diese Zeichen nähren sich gegenseitig und schaffen eine enthusiastische Assoziation, die auf Verlangen und Wagemut basiert. Widder, er versteht gerne Leos dominierendes Charisma. Widder, der auch viel Zuneigung braucht, wird durch den Adel und die Wärme seines Kameraden, des Löwen, getröstet. Obwohl beide Zeichen selbstbewusst sind, manifestiert sich ihre Großzügigkeit sehr ungleichmäßig. Leo hat immer sein Herz im Kopf, während das Hauptanliegen des Widders darin besteht, siegreich daraus hervorzugehen. Obwohl diese Zeichen in einer Beziehung das Beste von sich geben können, müssen sie auch ihr Ego in Schach halten. Andernfalls könnte die Beziehung zwischen Löwen und Widder irgendwann aussterben.*

**Löwe und Stier** *sind loyale und fleißige Individuen, aber ihre Pedanterie und Hartnäckigkeit können manchmal zu wichtigen Gegensätzen führen. Stier mag die Pracht des Löwen nicht, und der Löwe murrt über die Hartnäckigkeit des Stieres. Als Paar sollten Leo und Stier überprüfen, ob ihre Motive nicht übermäßig materialistisch sind, sondern dass sie eine gleichgültigere Haltung einnehmen, als eine gleichberechtigte Beziehung zu befürworten. Schließlich haben Löwe und Stier viel gemeinsam, beide mögen die guten Dinge im Leben. Wenn sich die beiden also auf ihre Ähnlichkeiten und nicht auf* *ihre Unterschiede konzentrieren, werden sie eine unterhaltsame Beziehung genießen.*

**Leo und Zwillinge ist** *eine Beziehung, die am Anfang aufregendund gewagt ist. Leo muss sich wie ein König fühlen, und irgendwie hat Zwillinge immer Verbindungen zu den wichtigsten Orten der Stadt. Am Ende des Tages möchte sich Leo jedoch mit einem treuen Begleiter zusammenschließen. Leider kann Gemini diese Rolle möglicherweise nicht ausüben, da er weiter feiern möchte. In dieser Beziehung müssen beide lernen, sich an die Bedürfnisse des anderen anzupassen. Der Löwe muss sich auf die immerwährende Herzlichkeit der Zwillinge verlassen, und Zwillinge müssen Leos emotionale Treue verehren. Wenn diese beiden Zeichen übereinstimmen, ist dieses Paar effizient, herumtollend und sehr lustig.*

**Löwe und Krebs,** *es ist keine angenehme Beziehung. Leo ist überwältigt von Krebs schlechter Laune, und Krebs stört sich an Leos exzessivem Drama. Wenn diese beiden entschlossen sind, ihre Beziehung zum Laufen zu bringen, müssen sie sich um ihre gemeinsamen Werte wie Loyalität, Familie und Ehrlichkeit vereinen. Löwe und Krebs haben auch die Wahrscheinlichkeit, sich gegenseitig zu erheben und sich gegenseitig zu helfen, ihr volles Potenzial durch Freundschaft zu erreichen. Damit es keine Konflikte gibt, muss dieses Paar eine Einigung erzielen und die Bedingungen respektieren.*

**Lowe und Löwe,** *ist das majestätischste Paar im Tierkreis. Lowe liebt es, seine Leuchtkraft zu feiern, und wenn zwei Löwen zusammenkommen, verbringen sie tatsächlich den größten Teil ihrer Beziehung damit, über ihre Liebe zu sprechen. Diese Kombination ist* ein Niederschlag, der dazu bestimmt ist, voller Lächeln, Adel und viel Götzendienst zu sein. Aber keine Herrschaft ist perfekt, und da Leo ein ziemlich übertriebenes Ego hat, erwartet er Widerstand.  Ob sie um das Rampenlicht, das Telefon oder Schmeicheleien kämpfen, ihr gegenseitiges Bedürfnis nach Lob kann die Beziehung belasten.  Der Löwe kann sich jedoch beruhigen, damit diese Beziehung funktioniert, muss jeder oft das Haar des anderen streicheln und sich Zeit für Leidenschaft nehmen.

**Löwe und Jungfrau,** Obwohl sie im Prinzip ein ungleiches Paar sind, können der leidenschaftliche Löwe und die idealistische Jungfrau positive Eigenschaften voneinander ziehen. Jedes Zeichen sollte sich bewusst sein, dass diese Beziehung viel Verständnis, Toleranz und vielleicht am wichtigsten Integrität und Loyalität erfordert. Zuerst bewundert Jungfrau Leos Exzentrizität und soziale Subtilität. Löwe ist mit diesem Götzendienst zufrieden, bis sich die Helligkeit aufzulösen beginnt. Jungfrau hat die Angewohnheit zu idealisieren, aber da nichts absolut perfekt ist, kann dieses Erdzeichen schnell desillusioniert werden. Damit dieses Paar funktioniert, ist es wichtig, dass jedes Zeichen sicherstellt, dass die Beziehung aus dem richtigen Grund hergestellt wird, um sicherzustellen, dass die Beziehung nicht vom Ego gefördert wird.

**Löwe und Waage** ist eine effiziente Beziehung, wenn sie zusammen sind, bringen der großzügige Löwe und die exquisite Waage ihre besten Eigenschaften in die Beziehung ein. Zusammen sind sie enorm gesellig und unvergleichlich lustig, Attribute, die durch die Gabe von Libra stabilisiert werden. Da Waage jedoch gerne den Frieden wahrt, neigt sie dazu, ziemlich zögerlich zu sein. Leo verlangt mutige Loyalität, daher kann Waage Sorge frustrierend sein. Waage mag sich durch Leos Besitzgier ein wenig erstickt fühlen. Wenn sie es jedoch schaffen, ihre Differenzen zu versöhnen, werden sich Leo und Waage großartig fühlen.

**Leo und Skorpion**, obwohl sich die Energie des Feuers manchmal durch Wasser begrenzt fühlen kann, ist diese Beziehung eine starke Kombination. Beide sind feste Zeichen, haben feste Überzeugungen und feste Ansichten. Infolgedessen gibt es eine offensichtliche Spannung zwischen diesen beiden Zeichen, die zu einigen Auseinandersetzungen und vielleicht am wichtigsten zu einem erstklassigen Geschlecht führen kann. Leo wird besonders von der mysteriösen Natur des Skorpions verführt, während der Skorpion von Leo stimuliert wird. Diese beiden müssen sich jedoch Zeit geben, um Intimität aufzubauen. Da Löwe und Skorpion so unterschiedliche Arten haben, durch die Welt zu gleiten, muss jeder lernen, die Nuancen des anderen wahrzunehmen. Sobald Vertrauen hergestellt ist, werden weder Leo noch Skorpion aufhören wollen.

**Löwe und Schütze**, es ist eine effektive Beziehung. Lowe hat eine Flamme, aber eingedämmt, also braucht er ein Publikum. Schütze hingegen kennt die Grenzen nicht. Folglich neigt Leo normalerweise zu diesem Zeichen, das ihn bewundert. Schütze schätzt auch die Brillanz des Löwen, obwohl er in dieser Beziehung immer seine Freiheit betont. Ein Leo-Schütze-Paar kann Stunden damit verbringen, zu plaudern, zu lachen und sich gegenseitig mit dynamischen Geschichten und witzigen Gesprächen zu verzaubern.

**Löwe und Steinbock** sind verschiedene Kreaturen, die Ernsthaftigkeit des Steinbocks konzentriert sich auf langfristige Vorteile, während Löwe von Ruhm und Reichtum bewegt wird. Auf magische Weise bilden Löwe und Steinbock jedoch ein ausgezeichnetes romantisches Paar. Beide Zeichen sind sehr unersättlich, so dass, obwohl ihre

Techniken unterschiedlich sind, sie sich gegenseitig verehren, und die Diskussionen, die entstehen, werden Indizien sein. Wenn sie zusammenarbeiten, können Löwe und Steinbock Größe erreichen. Steinbock lehrt Leo die Fähigkeit zur Abstraktion, und Leo lehrt Steinbock die Kunst, Spaß zu haben. Wenn sie vollständig in ihre Beziehung investieren, werden sie große Vorteile erhalten.


**Löwe und Wassermann** sind entgegengesetzte Zeichen, es ist ein interessantes Paar. Während Löwe den Gouverneur symbolisiert, repräsentiert Wassermann die Menschheit. Wenn sie gekoppelt sind, können sie ein System der gegenseitigen Kontrolle schaffen, das von Gerechtigkeit und progressivem Denken angetrieben wird. Diese Beziehung existiert in einem schönen und reichlich vorhandenen Bereich, doch gelegentlich sieht Wassermann Leo als Egoisten.
In dieser Beziehung müssen beide danach streben, die Perspektive des anderen zu verstehen. Um dies erfolgreich zu tun, muss Leo sein Ego zügeln und Wassermann muss sein Mitgefühl erhöhen. Diese Beziehung hat ein unglaubliches Potenzial, so dass sich gesundes Engagement mit Sicherheit auszahlen wird.


**Löwe und Fische,** es ist eine ausgezeichnete Beziehung. Löwe fühlt sich am glücklichsten, wenn er sein tropisches und strahlendes Licht frei ausstrahlen kann. Fische sind mit dem Meer verbunden, und so wie der Ozean das Licht des Sol in der Ferne reflektiert, freut sich Fische, Leos lebendige Leuchtkraft zu begrüßen und sogar zu verstärken. Obwohl diese Beziehung effektiv und verführerisch sein kann, ist es wichtig, dass sich der majestätische Löwe nicht von der extremen Empfindlichkeit der Fische verschlucken lässt. Um eine glückliche Beziehung zu gewährleisten, müssen sich die beiden den stärksten Qualitäten des anderen hingeben und ihre Unterschiede mit freundlicher Wertschätzung und echtem Respekt begrüßen.

### Jungfrau

**Jungfrau** ist ein Erdzeichen, das von der Göttin der Landwirtschaft dargestellt wird. Jungfrau ist geschickt und methodisch, gründlich und versucht, sich selbst zu verbessern, was sie zu einem der besten Paare im Tierkreis macht. Jungfrau ist eine Gelehrte, und inspirierende Worte und Ideen sind Aphrodisiaka für dieses Erdzeichen.

Jungfrau ist normalerweise ein unersättlicher Leser, der Kino oder Musik liebt. Als wandelbares Zeichen ist er auch aufgeschlossen, eine Eigenschaft, die sich oft in seinem exquisiten Geschmack manifestiert. Jungfrau schätzt Kunst, die in viele Kategorien fällt, und liebt es, über neue Autoren auf dem Laufenden zu bleiben. Jungfrau basiert auf Logik und Organisation, wenn es um Herzensangelegenheiten geht, und dieses kapriziöse Zeichen sucht einen Partner, der zu ihrem Alltag passt.

Jungfrau verwendet eine Datenbank, um eine vollständige Darstellung seines Partners, aller Menschen in seinem Leben und seiner Gewohnheiten zu erstellen, die sich in einer mentalen Aufzeichnung mit ihren Gewohnheiten und Abneigungen ansammeln. Jungfrau liebt es, durch ihre Unterstützung und Praktikabilität zu helfen, und dieses Erdzeichen beharrt immer, um praktikable Lösungen für Konflikte anzubieten.

Jungfrau Verlangen nach Exzellenz kann auf die Menschen um ihn herum entladen werden, und seine Analyse geht von reflexiv und subtil zu übermäßig kritisch. Um gesunde Beziehungen *aufrechtzuerhalten, sollte Jungfrau nicht urteilen und sollte geliebten Menschen erlauben, in ihren Schuhen zu gehen.*

*Etwas sehr Wichtiges, das Jungfrau im Hinterkopf behalten muss, ist, dass das kontinuierliche Streben nach Perfektion destruktiv werden kann.*

*Wenn es um Sexualität geht, hat dieses Zeichen eine frische Energie, aber es ist naiv. Von Merkur regiert, ist seine Sexualität forschender Natur; Er fixiert sich auf fast jeden Aspekt des Geschlechts, einschließlich oder den Körperbau seines Partners.  Es gibt immer Schönheit im Schaden, daher ist es wichtig für Jungfrau zu erkennen, dass das, was ein Defekt ist, eher ein Nutzen als ein Defekt sein kann.*

*Dieses intellektuelle Zeichen ist sehr begeistert von Humor und das Gespräch ist intelligent. Theoretisch wäre Jungfrau eine romantische oder unglaubliche Romanautorin, aber wenn Ihr Jungfrau-Liebhaber nicht Nicholas Sparks oder Corin Tellado ist, wird sie es wahrscheinlich in abgekürzter Form zeigen. Seien Sie nicht überrascht, wenn Ihr Jungfrau-Liebhaber im Schlafzimmer zumindest anfangs ziemlich zurückgezogen ist.*

*Jungfrau ist eine Person der Routinen, bis er es schafft, einen Dialog zu entwickeln, wird er ein Zuschauerliebhaber sein, der sehr aufmerksam sein wird oder auf das, was im Bett passiert. Das bedeutet nicht, dass er nicht verdorben ist, in der Tat liebt Jungfrau es, leidenschaftlich im Schlafzimmer zu sein, In einer sicheren Umgebung wird Jungfrau regelmäßigen Sex praktizieren wollen, der es ihm ermöglicht, alle seine Neigungen zu erforschen. Aber versuchen Sie nichts Unerwartetes, plötzliche Veränderungen in Bewegung oder Rollen werden Sie desorientieren.*

*Jungfrau liebt es, hilfsbereit zu sein und ihre Fähigkeiten zu nutzen, wann immer sie können, weshalb sie dazu neigen, ein Schwamm für die Probleme anderer zu sein. Der beste Weg, dies zu bekämpfen, ist, die Dinge am Laufen zu halten. Obwohl Ihre Jungfrau-Partnerin leidenschaftlich ist, machen Sie sie nicht zum Wächter all Ihrer Rückschläge. Wenn Sie all Ihren Stress auf Jungfrau abladen, werden Sie sich überwältigt fühlen. Erwäge, deine Freunde wegen deiner Frustrationen zu suchen.*

*Um eine dauerhafte Beziehung zur Jungfrau zu haben, ist es wichtig, dass Sie wissen, dass sie zuverlässig ist, aber Sie müssen auch auf Sie zählen, besonders wenn Sie Fehler machen. Denken Sie nicht daran, Jungfrau zu kritisieren, es mag ironisch erscheinen, aber Jungfrau hasst es, für ihr Verhalten angerufen zu werden. Dies wird ihn befähigen, zu Ihnen zu kommen, um Hilfe zu erhalten und die Beziehung zu festigen.*
*Während Jungfrau danach strebt, ein unmögliches Ideal in der Liebe zu erreichen, wenn sich die Utopie der Perfektion auflöst, wird Jungfrau die Beziehung vollständig aufgeben, ohne ihren Partner zu informieren.*

*Er gibt nicht vor, unanständig zu sein, er hasst es strikt, Menschen zu enttäuschen, und deshalb wird er die Beziehung verlassen wollen, ohne eine schwierige Diskussion zu führen. Mit anderen Worten, Jungfrau verschwindet gerne, ohne Spuren zu hinterlassen. Wenn Sie es schaffen, Ihre Jungfrau-Partnerin zu kontaktieren, bevor sie andere Arme erreicht, wird sie sich entschuldigen und versuchen, die Spannung zu beruhigen, indem sie die gesamte Last übernimmt.*
*Wenn eine Trennung unerwartet passiert, fällt es ihm schwer, loszulassen, er wird mental jedes Detail der Beziehung einzeln produzieren, um den Schlüsselmoment zu entdecken, in dem die Dinge eine 180-Grad-Wendung nahmen.*

*Jungfrau ist nicht immer schwarz oder weiß, in der Tat ist es eine sehr komplexe Kreatur und wenn sie genug Informationen findet, um zu dem Schluss zu kommen, dass ihre aktuelle Beziehung unvollkommen ist, ist sie bereit, anderswo nach einer befriedigenden Beziehung zu suchen.*

**Jungfrau und Widder** *ist eine wertvolle Beziehung. Widder liebt es, Versprechungen zu machen, aber manchmal halten sie sie nicht. In diesem Paar wird die analytische Jungfrau sicherstellen, dass die Prahlereien des Widders nicht gutgeschrieben werden. Widder wird unterdessen von der Unsicherheit der Jungfrau überrascht sein. Innerhalb dieser Beziehung muss der Widder für seine Bewegungen verantwortlich gemacht werden, was dazu führen kann, dass sich das Jungfrau-Ego aufbläht, wenn es Frakturen in den Methoden des Widders erkennt. Jungfrau und Widder müssen die sporadischen Missverständnisse und den Widder-Wutanfall zugeben. Wenn Jungfrau danach strebt zu lernen, Widderblindheit zu tolerieren, und Widder daran arbeiten kann, ihren Stolz loszulassen, kann diese Assoziation solide sein.*

**Jungfrau und Stier,** *wenn sie zustimmen, ist die Beziehung möglich. Von Merkur regiert, verarbeitet Jungfrau immer Details vieler Informationen, die er täglich sammelt, und entscheidet sich, sich durch organisierte Kommunikation auszudrücken. Dieses pragmatische Zeichen fühlt sich sehr akklimatisiert an, wenn es mit dem sinnlichen und materiellen Stier gepaart wird, der das methodische Auge und die Liebe zum Detail der Jungfrau schätzt. Es gibt einige spezifische Unterschiede zwischen diesen beiden Zeichen. Die sinnlichen Tendenzen des Stiers können Jungfrau ärgern, was wiederum dazu führen kann, dass sich Stier unausgeglichen fühlt.*

*Günstigerweise können diese beiden Zeichen Hindernisse überwinden.*


**Jungfrau und Zwillinge,** *obwohl das Paar zunächst unpassend aussieht, haben die zurückgezogene Jungfrau und die kommunikativen Zwillinge viel gemeinsam. Sowohl Jungfrau als auch Zwillinge werden von Merkur, dem Planeten der Kommunikation, regiert, so dass diese beiden Zeichen tief mit der Kunst der Information verbunden sind. Zwillinge lieben es zusammenzuarbeiten, und die kluge Jungfrau ist eine subtile Beobachterin, die es liebt, Informationen zu verarbeiten. Obwohl charakteristische oder Zwillinge Galanterie Jungfrau ein wenig ärgert, können ihre romantischen Ängste leicht durch ehrliche und direkte Dialoge gemildert werden. Wenn Zwillinge die Bedürfnisse der Jungfrau respektieren, kann diese Beziehung ausgezeichnet sein.*


**Jungfrau und Krebs** *können eine sich gegenseitig unterstützende Beziehung sein.  Insbesondere neigen sowohl Jungfrau als auch Krebs dazu, zu viel zu spekulieren. Jungfrau sorgt sich um Kleinigkeiten und verwandelt jeden Kontext in die schlechteste Umgebung. In ähnlicher Weise berücksichtigt Krebs unmerkliche Veränderungen der Energie und bemerkt selbst die geringste Veränderung der Körpersprache oder des verbalen Tons. Jungfrau und Krebs füttern manchmal ihre eigenen Angstzustände und verursachen noch mehr Angst und Manie. Da sie Stress jedoch unterschiedlich verarbeiten, bietet diese Beziehung die Möglichkeit zur Heilung. Weil sie nachdenklich sind und sich gegenseitig unterstützen, wenn sie ein Paar bilden, nähren sie sich gegenseitig.*

**Jungfrau und Löwe** ist eine lohnende Beziehung. Jungfrau verärgert Löwe, dieses Feuerzeichen versteht nicht, warum Jungfrau so risikoscheu ist. Jungfrau hingegen weiß, dass das Leben viel komplexer ist als abgelenkt zu sein, alles erfordert Zeit und Geduld. Aufgrund dieser Diskrepanz ist es nicht immer einfach, eine Jungfrau-Löwe-Beziehung zu navigieren. Wenn jedoch jedes Zeichen der Beziehung mit einem offenen Geist gegenübersteht, werden sie in der Lage sein, eine inspirierende Liebe zu bilden.

**Jungfrau und Jungfrau**, es ist eine aufregende Beziehung. Eine der wichtigsten Besonderheiten der Jungfrau ist ihre Selbstforderung. Jungfrau liebt es zu helfen, greifbar, aber wenn sie mit einer anderen Jungfrau gepaart wird, verdreht sich diese Qualität ein wenig. In einer romantischen Beziehung werden zwei Jungfrauen versuchen, sich unermüdlich gegenseitig zu reparieren, jeder von der Idee nach unten gezogen, dass ihre Methodik überlegen ist. Jungfrau hasst Konflikte, und diese Spannung kann immer aggressiver werden, was zu vielen böswilligen Kommentaren führen wird.  Die Beziehung zweier Jungfrauen ist möglich, wenn sie es schaffen, ihre individuellen Stärken zu erforschen, können sie sich in verschiedenen Situationen gegenseitig helfen. Wenn sie von Liebe und nicht von Kritik geleitet werden, können sie eine liebevolle Beziehung aufbauen.

**Jungfrau und Waage** haben unterschiedliche Kriterien für Perfektion, und beide sind super idealistisch. Jungfrau möchte, dass das Leben systematisiert wird, und Waage sucht Harmonie. Wenn sie zusammenkommen, können sie ihre individuellen Fähigkeiten zusammenführen, indem sie eine Beziehung aufbauen, die das

*Paradigma der Kameradschaft ist. Während sowohl Jungfrau als auch Waage eine integre Beziehung wünschen, müssen sie lernen zu akzeptieren, dass keine Beziehung frei von Fehlern ist. In der Tat kann ein gesunder Konflikt dazu beitragen, eine Beziehung zu fördern, was bedeutet, dass Reibung die Beziehung voranbringen kann. Indem sie ihre Fehler akzeptieren, können sie eine nachhaltige Union aufbauen.*

**Jungfrau und Skorpion,** *machen ein ausgezeichnetes Paar. Es gibt kein Sternzeichen, das mehr mit Sex zu tun hat als Skorpion, und dieses Wasserzeichen ist für seine erotische Elektrizität bekannt. Jungfrau hingegen hat den gegenteiligen Ruf, weil ihr Symbol auf einen mythologischen Archetyp anspielt, der oft als tadellos wahrgenommen wird. Jungfrau liebt Sex, weshalb die Chemie zwischen Jungfrau und Skorpion spürbar ist. Jungfrau ist begeistert von der Sinnlichkeit des Skorpions, und dies wiederum wird durch die mutmaßliche Attraktivität der Jungfrau suggeriert. Beide wissen automatisch, wie sie die lüsternen Wünsche des anderen befriedigen können. Außerhalb des Schlafzimmers muss sich dieses Paar jedoch bemühen, seine Beziehung aufrechtzuerhalten.*

**Jungfrau und Schütze** *sind die unterhaltsamsten Tierkreiszeichen. Der Humor der Jungfrau basiert auf Tonalitäten, während die Energie des Schützen Legenden schafft. Wenn sie ein Paar bilden, bilden sie ein festliches Duo. Aber über die Erholung des Schützen hinaus muss dieses Paar bestrebt sein, eine gesunde Beziehung zu gewährleisten. Wenn die Gründlichkeit der Jungfrau lausig wird, kann sie pingelig werden, was für den böhmischen Schützen verwirrend ist, der glaubt, dass die kleinen Details weniger wichtig sind als das große Ganze. Damit diese Beziehung funktioniert, muss* der Schütze Mitleid mit der Irritation der Jungfrau empfinden, und die Jungfrau muss bereit sein, die turbulenten Neigungen des Schützen zu akzeptieren. Wenn sie dies zusammentun können, werden sie sicherstellen, dass sie eine sehr unterhaltsame Beziehung genießen.

**Jungfrau und Steinbock** sind ein handgemachtes Paar, beide sind Erdzeichen, berechnend, unternehmungslustig und vernünftig. Da diese Beziehung jedoch so umsichtig ist, müssen beide Mitglieder des Paares wach bleiben, um nicht zu methodisch zu sein. Der Boss des Steinbocks kann anfangen, Jungfrau wie eine Sklavin zu behandeln, was Jungfrau nachtragend machen kann. Dieses Paar sollte ihre Beziehung durch spontane Affären anregen. Solange die Beziehung nicht zu angenehm ist, ist diese Beziehung auf Dauer ausgelegt.

**Jungfrau und Wassermann** sind sehr gut informiert über ihre Realitäten. Diese methodischen Zeichen bewundern Erkundungsmethoden, nuancierten ihre Umgebung mit subtilen Reflexionen und sorgfältig skizzierten Standpunkten. Trotz ihrer gemeinsamen Liebe zur Forschung sind die Verhaltensweisen von Jungfrau und Wassermann jedoch unterschiedlich. Jungfrau Beton ist pragmatisch und achtet genau auf fühlbare Nuancen und Details. Wassermann hingegen denkt über Dinge auf einer allgemeinen Ebene nach, so dass es eine gewisse Spannung zwischen diesen Zeichen geben wird. Aber wenn sie ihre Facetten kombinieren können, werden sie eine globale Vision der Welt bilden und als Paar haben sie ein unglaubliches Potenzial.

**Jungfrau und Fische** sind entgegengesetzte Zeichen, die es lieben, auf unterschiedliche Weise nützlich zu sein. Jungfrau hilft pragmatisch, während Fische abstrakter sind, wenn. Jungfrau und Fische sind gottesfürchtige Menschen, die sich auf einer empathischen Ebene aufeinander beziehen.

Der vernünftige Geist der Jungfrau hilft auch den unberechenbaren Fischen, ihre Ziele zu erreichen, während die kreative Schärfe der Fische die Jungfrau ermutigt, künstlerische Formen des individuellen Ausdrucks zu erforschen.   Es ist wichtig, dass jedes Zeichen seine ursprüngliche Identität bewahrt, und diese Beziehung wird das Beste aus jedem Zeichen herausholen und so eine strahlende Einheit schaffen.

## Waage

**Waage** ist fasziniert von Harmonie und beharrt darauf, in allen Bereichen seines Lebens Balance zu schaffen. Als Luftzeichen bewahrt es die notwendige Unparteilichkeit, um dank seiner mentalen Tiefe immer gerecht zu sein, was es zum sozial ausdrucksstärksten Tierkreiszeichen macht. Verführerisch und beliebt bei seinen Freunden, entwickelt sich Waage perfekt im täglichen Leben und ist die legitime Kosmetikerin des Tierkreises. Venus, der Planet der Liebe, Schönheit und des Geldes, regiert Stier und Waage, aber Waage Analogie zur Venus unterscheidet sich von der des Stieres.

Für Waage ist sein romantisches Temperament entweder völlig intellektuell, das heißt, er liebt Kunst und Intellektualität. Sie können dieses ausgezeichnete Schild finden, um Weine zu probieren oder Werke der modernen Kunst zu loben.

Waage muss von Objekten umgeben sein, die seine weitreichenden Interessen zeigen, und deshalb ist er ein ausgezeichneter Künstler. Interpretieren Sie die Präferenzen von Libra niemals als Hinweis auf ihre Missachtung dessen, was unter der Oberfläche liegt, Waage kümmert sich um Gerechtigkeit und den Kampf im Namen anderer, also ist sie fair und wird daher die Rolle eines Schiedsrichters annehmen. weise und gerecht, wenn die Situation es erfordert.

Die Waage wird niemals dominierend und protzig mit ihrer Moral sein, und dieses empfindliche Zeichen kann Probleme ohne Stress lösen. Waage symbolisiert uns, Beziehungen sind essenziell für

*Waage, die Balance in der Beziehung findet, aus diesem Grund muss Libra darauf achten, keine Aufmerksamkeit außerhalb der mit Ihrem Partner vereinbarten Bedingungen zu suchen.  Waage möchte, dass alle zufrieden sind und könnte versucht sein, Flirtlinien zu überschreiten. Libra wird sich vor nichts zurückhalten, um akzeptiert zu werden, auch wenn es bedeutet, ihre aktuellen Beziehungen zu gefährden.*

*Als Kardinalzeichen eignet sich die Waage hervorragend für die Schaffung neuer Ideen und Sie können alle Alternativen in der Situation sehen.  Unter Berücksichtigung aller Perspektiven fällt es ihm schwer zu entscheiden, er fällt ihm schwer zu wählen, da er ständig die Waage ausbalanciert.*

*Dieses Luftzeichen ist durch physische Erscheinungen motiviert, Einbildung kann eine Zerbrechlichkeit für Libra sein und kann sich übermäßig auf einen Partner konzentrieren, der zu Ihrer ästhetisch gewünschten Form passt.  Guten Geschmack zu haben ist keine schlechte Sache, und das Schlüsselwort der Waage ist Delikatesse, und unterdrückende Verhaltensweisen wie das Versenden von Textnachrichten alle 3 Minuten, E-Mails zu jeder Tageszeit oder dasVersuchen, die Beziehung zu früh festzunageln, stören ihn.*

*Waage sucht eine elegante und sich allmählich entwickelnde Beziehung, er und sein Partner müssen Liebe und Vertrauen Schritt für Schritt fördern und eine Verbindung aufbauen, die auf einem gleichzeitigen Interesse an schönen Dingen basiert. Wenn Sie eine Romanze mit Libra beginnen möchten, denken Sie darüber nach, eine Galerieeröffnung oder eine klassische Oper zu besuchen.*

*Waage liebt es, verliebt zu sein, es ist üblich, ohne zweimal nachzudenken zu Romantik, e s fügsam und zart und zwischen*

*Abenden der Etikette, l oder s Ausflüge zu Amphitheatern und spontanen Ausflügen ins Kino, können sich Dates mit Waage wie ein Abenteuer oder das Libretto von Ein romantischer Film. Dieses verführerische Luftzeichen weiß zu überraschen, aber in diesen übertriebenen Manövern der Galanterie steckt auch viel Vorsatz.*

*Waage hat eine sehr klare Herangehensweise an das, was er will, und es ist leicht für ihn, zu versuchen, seinen Partner so zu formen, dass er genau diesen Bestrebungen entspricht, anstatt zu berücksichtigen, dass seine eigenen Wünsche andere sein könnten. Indem er eine Beziehung mit Libra aufbaut, wird er wissen, wie man Eleganz zeigt, und der beste Weg, um zu wissen, ob Waage sich wirklich auf die Beziehung konzentriert, ist nicht durch elementare romantische Gesten, sondern durch subtile Zuneigungsbekundungen.*

*Waage ist besessen davon, erobert zu werden, und obwohl körperliche Intimität wichtig ist, braucht dieses Zeichen mentale Präambeln, die zum Zeitpunkt des Geschlechtsverkehrs zu Erregung führen. Einige Anzeichen können durch die Fantasie direkter sexueller Begegnungen stimuliert werden, aber die aristokratische Waage denkt, dass diese leidenschaftlichen Begegnungen zu prosaisch sind.*

*Waage ist allergisch gegen Konflikte, zunächst ist dieses friedliche Verhalten perfekt, aber in Wirklichkeit kann es das größte Hindernis für ihre Partner sein, denn um sie nicht zu entzaubern, greift er normalerweise auf barmherzige Lügen und Halbwahrheiten zurück. Es ist wichtig, daran zu denken, dass der Zweck von Libra nicht darin besteht, manipulativ zu sein, er will nur nicht, dass Sie wütend auf ihn werden.*

*Im Gegenzug muss sich die Waage daran erinnern, dass wir im Leben keine Goldmode sein können und es unmöglich ist, jeden zu mögen.*

In Beziehungen muss man ehrlich seinoder außerdem bieten gesunde Konflikte die Möglichkeit, zu wachsen, zu lernen und bei Bedarf Grenzen zu setzen.

Die Verpflichtung basiert auf einem ehrlichen Dialog, und Meinungsverschiedenheiten werden auch verhindern, dass Libra im Laufe der Zeit apathisch und nachtragend wird, beunruhigt und auseinander geht. Waage ist nicht ignorant gegenüber Trennungen, dieses Zeichen ist glücklich, wenn Sie in einem Paar sind, aber es ist nicht verwunderlich, dass Sie ständig Beziehungen eingehen und auswandern. In seiner bewundernswerten Welt wären die Brüche nicht. Waage hält sich immer Optionen offen, auch wenn Sie in einer ernsthaften Beziehung sind.

Wenn Waage sich von ihrem Partner trennt, tut sie dies mit einer schönen Sprache, da sie immer die Tür offenhalten möchte, und wenn sie sich von ihm trennen wollen, wird sie ihr Bestes tun, um dies zu vermeiden. Waage kümmert sich sehr um die Meinung, die er von anderen verursacht, und zieht es vor, die Wertschätzung seines Ex-Partners aufrechtzuerhalten, um ihn für immer fernzuhalten.

Waage stimmt sich auf Romantik ein, kümmert sich aber um ihren Ruf. Dieses Zeichen ist sehr flexibel und hat die Fähigkeit, die Gefühle seiner Partner auszudrücken, aus diesem Grund wird es die Fackeln der Feuerzeichen anfachen, Wellen mit den Wasserzeichen bilden, Bergketten mit denen des Landes errichten und effektive Wirbelstürme mit den Luftzeichen aufrechterhalten und das Ziel von Libra ist es, eine ausgewogene, Ruhiges und harmonisches Leben mit seinem Partner.

**Waage und Widder** bilden ein faszinierendes Paar. Widder ist beliebt für seine wilde Autonomie, und wenn sich diese beiden Zeichen paaren, bilden sie ein abenteuerliches Duo. Diese Beziehung symbolisiert das Sprichwort "entgegengesetzte Enden ziehen sich an" Waage wird durch uns ausgesprochen, während Widder durch mich ausgesprochen. Und obwohl sich beide Zeichen an die individuelle Herangehensweise des jeweils anderen anpassen müssen, kann dieses Duo eine hervorragende und unzerstörbare Koalition bilden.

**Waage und Stier** werden sofort angezogen. Beide werden von Venus regiert, und diese Zeichen sind fasziniert von Romantik.  Der Stier hat jedoch eine spezifische Beziehung zur Liebe, sie erfordert greifbare Zuneigung.   Waage hingegen ist viel intellektueller, denn das Gleichgewicht, Perfektion ist mit Koketterie und einer perfekten sozialen Delikatesse verbunden. Obwohl sie mit diesen Ungleichheiten umgehen müssen, perfektionieren die Ruhe und List der Waage die Irritation des Stieres, und die häuslichen Erhöhungen des Stiers perfektionieren die Ästhetik der Waage. Kurz gesagt, Waage und Stier bilden ein fabelhaftes Paar.

**Waage und Zwillinge sind** Gleichgesinnte Zeichen und wenn sie miteinander verbunden sind, ist es ein echter Zusammenstoß der Köpfe. Sowohl die rücksichtslosen Zwillinge als auch die angesehene Waage sind fasziniert, indem sie sich intellektuell unterhalten, so dass dieses Paar es genießen wird, nach Hobbys und gegenseitigen Gewinnen zu suchen. Zwillinge werden durch die zarte Berührung von Libra stimuliert, während Waage die unternehmerische Energie von Zwillingen lieben wird. Obwohl Waage und Zwillinge ein wunderbares Paar bilden, sollte jeder darauf achten, die Beziehung zu priorisieren. Ihr beide wollt eure Freunde mögen, und wenn ihr nicht richtig kommuniziert, kann das dazu führen, dass ihr falsch liegt. Um eine Beziehung aufzubauen, die auf Vertrauen und Ehrlichkeit basiert, müssen Sie Zeit sparen, um zusammen zu sein, ohne dass eine externe Bestätigung erforderlich ist.

**Waage und Krebs** ist keine einfache Beziehung zu Piloten. Krebs ist schützend, während Waage sehr sozial ist. Waage, selbstgefällig mit Menschen, kann übermäßig besessen von seinem populären Image werden, was Krebs hinzufügen wird, der sich nach Schutz sehnt. Waage Bestreben, immer anderen gefallen zu wollen, kann das Sicherheitsgefühl von Krebs bedrohen. Diese Beziehung kann jedoch funktionieren, da Krebs Waage lehren kann, ihren Blick nach innen zu richten, und Waage kann Krebs aus ihrem harten Gesicht ziehen. Wenn beide es schaffen, zu argumentieren, wird dieses Paar eine unglaubliche Entwicklung ermöglichen.

**Waage und Löwe** funktionieren außerordentlich gut, Waage und Leo sind gute Freunde. Die angesehene Waage behandelt Leo wie die Monarchie, und Leo verehrt die soziale Sanftmut der Waage. Dieses Paar liebt es, Partys zu besuchen und sich gegenseitig zu ermutigen, ihre Seelen zu umarmen. Beide lieben es zu gefallen, aber der Löwe interessiert sich nicht für das Kollektiv, er möchte, dass sein Partner ihn völlig über alles oder die Person verehrt. Libra, die die Rolle des kosmischen Botschafters spielt, könnte mit Leos rigoroser Monarchie unzufrieden sein. Glücklicherweise ist ein Aufstand nicht notwendig, die Spannungen zwischen Waage und Leo können durch einen *aufrichtigen Dialog beruhigt werden. Wenn die beiden ihr eigenes Königreich in Einheit aufbauen, das auf Sicherheit und Loyalität basiert, hat die Beziehung die Fähigkeit, fabelhaft zu sein.*

**Waage und Jungfrau** *ist wie eine Fabrikproduktionslinie. Die Funktion von Jungfrau ist es, einen Kontext zu untersuchen, während die von Waage darin besteht, ihn zu nivellieren. Diese Rollen sind miteinander verbunden, und da Waage und Jungfrau Seite an Seite im Tierkreis sind oder wissen, wie man zusammenarbeitet. Informationen werden weitergegeben und verlassen sich auf die einzigartigen Fähigkeiten des anderen. Waage ist von Jungfraus gewissenhaftem Auge inspiriert, und letzteres verliebt sich in die zarte Berührung der Waage, aber sie haben Schwierigkeiten, ihre individuellen Zwecke zu erreichen. Jungfrau macht Waage verärgert, während die hochmütige Qualität der Waage Jungfrau das Gefühl gibt, verlassen zu sein. Wenn Waage und Jungfrau ihr Verhalten ändern und auf die Beziehung achten, kann dies außerordentlich fruchtbar sein.*

**Waage und Waage** *sind eine Beziehung, die Blitze der Harmonie springt, wenn sie zusammenkommen. Diese Beziehung kann sich schnell entwickeln und schneller von null auf hundert gehen als ein Raumschiff. Sie müssen sich vergewissern, bevor sie sich verpflichten, dass sie in eine Union investieren, die auf Ewigkeit ausgelegt ist. Als Vermittler versucht Libra, Probleme mit allen Mitteln zu vermeiden, und obwohl dies ideal sein mag, ist es tatsächlich eine Formel für eine Katastrophe. Diese Ambivalenz fördert Ressentiments und viele gemischte Gefühle. Diese beiden Zeichen müssen lernen, ihre Bräuche* *zu kommunizieren und einander zu gleichen Teilen zuzuhören. Wenn das Waage-Duo im Quadrat lernt, aufrichtig zu sprechen, wird es eine einfache Ausrichtung sein.*

**Waage und Skorpion,** *ist eine feurige Beziehung zwischen der Anziehungskraft des Skorpions für die Schönheit der Waage und der Waage für die Mystik des Skorpions gibt es eine augenblickliche Chemie zwischen diesen Zeichen. Waage und Skorpion werden viele Nächte Sex haben, aber über Sex hinaus wird Waage ein wenig mehr Färbung verlangen und die Stärke des Skorpions erschreckt ihn. Waage liebt es, alle sozialen Interaktionen leicht und einfach zu halten, und Skorpion fühlt sich durch die charakteristische Unsicherheit der Waage beleidigt. Wenn dieses Paar es schafft, seine intellektuellen Wünsche mit seinen Leidenschaften in Einklang zu bringen, können sie eine unglaubliche Kraft sein.*

**Waage und Schütze** *sind die perfekte Kombination. Waage ist alles Gegenseitigkeit, und dieses denkende Luftzeichen interessiert sich mehr für das Konzept der Gerechtigkeit als für die Beziehung selbst. Interessanterweise stellt Schütze auch die Idee einer Beziehung vor die Realität. Obwohl dieses Paar nicht immer perfekt ist, weil Waage Konflikte hasst, während Schütze es liebt, die Fahnen von Rückschlägen zu schwenken, ist die kombinierte Energie dieser Zeichen ansteckend. Waage freut sich, Schütze auf seinen Wanderungen zu begleiten, und Schütze nährt Waage Verlangen durch ein gleichzeitiges Interesse an Kunst. Wenn diese beiden Zeichen zusammenkommen, ist ihre Beziehung natürlich und außerordentlich sexuell.*

**Waage und Steinbock**, eine komplizierte Beziehung. Der unerschütterliche Steinbock bewundert die Wertschätzung der Waage für Fairness und ermutigt zur weiteren Praxis. Im Libra-Universum ist sozialer Frieden wichtiger als Ehrlichkeit, so dass sich das Paar verwickeln kann, wenn Steinbock sich vor der selbstgefälligen Natur der Waage hütet und Waage beginnt, die Steinbockperspektive zu konservativ zu finden. Damit es als Paar funktioniert, müssen Sie Ihre Unterschiede gegenseitig respektieren und genug geben, aber wenn Sie sich entscheiden, können Sie eine starke Beziehung aufbauen.

**Waage und Wassermann** sind Luftzeichen, und sie kümmern sich um soziale Fragen. Libra besteht darauf, alle zu mögen, während die Interessen von Wassermann mehr auf die politische Struktur ausgerichtet sind. Der Wunsch des Wassermanns war es immer, gegen die etablierte Ordnung zu rebellieren und dies den Waage-Vermittler zu erschrecken. Im Laufe der Zeit akzeptiert und versteht die Waage die Loslösung des Wassermanns, als Wassermann lernt, die Unschuld der Waage und seinen Wunsch, es allen recht zu machen, zu akzeptieren, liebt er die Freiheit, die dieses Temperament ihm bietet. Wenn sich dieses Paar an seinen üblichen Werten und Interessen ausrichtet, ist die Beziehung energisch, intellektuell und außergewöhnlich schön.

**Waage und Fische** sind beide Friedensstifter, und sie strukturieren ihre Beziehung durch ihren gegenseitigen Nutzen für Güte und Gerechtigkeit. Inspiriert von der Kunst peppen sie ihre Wochenenden mit Konzerten, Opern, Museumsbesuchen und Handwerksbetrieben auf. Fische sind das letzte Tierkreiszeichen und besitzen ein Wissen, das es manchmal intensiv mit ihren Partnern manifestiert. Diese tiefen Gewässer können die Waage stören, die als Luftzeichen immer versucht, eine fröhliche und fröhliche Haltung zu haben.  Diese Beziehung gibt jedem einen Grund zu kämpfen, da die Waage den Fischen zeigt, wie man sich aufheitert, und Fische helfen der Waage, tief in ihr Unterbewusstsein zu schauen.

### *Skorpion*

**Skorpion,** *hat einen schlechten Ruf. Dieses dunkle Wasserzeichen ist berühmt für seinen geheimnisvollen Charme, seinen unerträglichen Ehrgeiz und seinen charakteristischen schwer fassbaren Charakter. Das komplizierteste Tierkreiszeichen wird durch den Skorpion dargestellt, ein verräterisches Tier, das in der Dunkelheit wohnt.*

*Für Skorpion ist das Leben ein Schachspiel, das vom Planeten Pluto regiert wird, der die Fähigkeit hat, sich zu regenerieren und in seine beste und stärkste Version zu verwandeln. Wachstum ist elementar für Skorpion, der Metamorphose als Werkzeug für emotionale und psychische Expansion verwendet. Wie Pluto und die verführerischen Kräfte der okkulten Welt schwitzt der Skorpion Energie. Skorpion hat kein Problem damit, Verehrer zu bekommen, und ist bekannt für seine unglaubliche Sinnlichkeit. Trotz seines lüsternen Rufs schätzt er Ehrlichkeit und Privatsphäre in Beziehungen.*

*Aufgrund seiner unglaublichen Wildheit und Kraft denken die Menschen, dass Skorpion ein Feuerzeichen ist, aber es gehört zum Wasserelement, das symbolisiert, dass es seine Stärke aus dem Unterbewusstsein und aus Emotionen bezieht. Skorpion ist sehr intuitiv und sensibel, in der Lage, die Energie jedes Hauses wahrzunehmen und die Emotionen anderer aufzunehmen.*

*Der Skorpion ist zäh und wie sein astrologisches Symbol wacht er in der Dunkelheit und wartet auf die perfekte Gelegenheit, um anzugreifen, wenn er am wenigsten erwartet wird. Dieser Wasserzeichenrechner projiziert immer mehrere Schritte vorher in* einem großen Plan.  Das bedeutet nicht, dass seine Absichten notwendigerweise ruchlos sind, er plant nur gerne langfristig und um dies zu erreichen, konzentriert er sich auf seine Ziele und zeigt nie seine Karten, da er diese geheimnisvolle Natur ist, die ihn so faszinierend macht.

Skorpion weiß, wie er seine Intuition nutzen kann, um jede Situation zu manipulieren und Menschen gegeneinander auszuspielen. Skorpion muss sich immer daran erinnern, dass, wenn er sich von seinem Wunsch nach Manipulation und Macht kontrollieren lässt, er Gefahr läuft, seinen eigenen Stachel zu stecken.  Dein geheimes Verhalten kann dazu führen, dass du Beziehungen verlierst.

Dieses Zeichen weiß, wie man das Beste von sich selbst gibt, wenn seine persönliche Intensität mit seinen engsten Freunden angewendet wird, denn obwohl zweifelnd und besitzergreifend, ist er auch sehr verteidigend gegenüber seinen Lieben und ist bereit, sie zu beschützen, ohne darüber nachzudenken.

Wenn Sie es schaffen, Vertrauen aufzubauen und sich sicher zu fühlen, zeigt Skorpion Empathie und Engagement.

Wer elegant ist, macht einen guten Eindruck, und als Wasserzeichen sind seine Sinne sehr scharf, so dass es im Bereich der Romantik bequem ist, ihn mit großer Leidenschaft zu verwöhnen. Dieses intensive Wasserzeichen schätzt Ihre Privatsphäre, daher ist es nicht einfach für Sie, einen Fremden in Ihr Privatleben zu lassen.

Wenn Sie daran interessiert sind, einen Skorpion zu besiegen, ist der Balzprozess sehr umfangreich und wird voller Tests für die emotionale Stärke sein. Mit jeder Bewegung, die dieses Zeichen macht, ist beabsichtigt, daher müssen Sie superschnell sein, um dem Reim zu folgen.

*Wenn du den Prozess erfolgreich überwindest, wird der Skorpion bereit sein, eine Verbindung auf Seelenebene mit dir zu entwickeln. Im Gegensatz zu anderen Zeichen, wenn Skorpion in einer Beziehung ist, bedeutet dies nicht, dass er sich sicher fühlt, seine Intensität ist ewig, da sein Hauptziel darin besteht, seinen Partner für das Leben zu halten.*

*Es gibt kein Sternzeichen, das mehr mit Sex zu tun hat als Skorpion, aber trotz ihrer Tendenzen ist der körperliche Akt der Intimität für den Skorpion weniger wichtig als die Verbindung.*

*Skorpion findet es sehr schwierig, einen Blick auf seinen Appetit zu erhaschen, so dass er von düsteren und mysteriösen Erfahrungen angezogen wird. Es ist sehr leicht für ihn, süchtig nach seinen Beziehungen zu werden, und dies kann die Form von Wahnsinn annehmen, in dem Skorpion absichtlich Probleme schafft, um seinen Partner zu testen, ein toxisches Verhalten, das nachteilig ist. Der Skorpion muss sich daran erinnern, dass Menschen in ernsthaften Beziehungen das Recht auf emotionale Unabhängigkeit und Intimität haben.*

*Die grundlegende Sache, an die Sie sich erinnern sollten, wenn Sie eine Beziehung zu Skorpion haben, ist, dass Sie klar sein müssen, nach ihren Gefühlen fragen und kein verstecktes Verhalten in Frage stellen müssen. Skorpion wird es zu schätzen wissen, dass Sie ihn nach Konten fragen, und je mehr Sie sich durch eine direkte Kommunikation mit ihm beschäftigen, wird die Beziehung sicher sein.*

*Leider sind Enttäuschungen im Leben unvermeidlich, und obwohl der Skorpion für seine Fähigkeit berühmt ist, aus der Asche aufzuerstehen, bedeutet das nicht, dass die Trennungen für ihn leicht sind, in der Tat fällt es diesem Zeichen schwer, seine Partner loszulassen. Es spielt keine Rolle, ob er es ist, der den Bruch initiiert, dieses durchdringende Zeichen fühlt sich immer hilflos an, nachdem es passiert ist.*

*Manchmal wird das Ende einer Beziehung im Skorpion seinen besonderen Wunsch zu kontrollieren freigesetzt, was manchmal dazu führt, dass er sich quält und sich seinen Ex-Partnern verpflichtet, daher ist es besser, im Keim zu ersticken.*

*Angetrieben von ihren Leidenschaften ist Skorpion ein engagiertes Paar, und während einige Zeichen der Hartnäckigkeit des Skorpions widerstehen, sind andere Zeichen von ihrer Energie inspiriert.*

**Skorpion und Widder** *fühlen eine unglaubliche körperliche Anziehungskraft, sobald sie sich sehen. Die Unfähigkeit des Widders, Geheimnisse zu bewahren, stört jedoch den Skorpion, der Vertrauen und Privatsphäre über alles schätzt. Widder seinerseits fragt sich, warum alles so versteckt sein muss. Aber am Ende des Tages, wenn diese beiden Zeichen die Unzulänglichkeiten des anderen respektieren können, wird die Beziehung perfekt sein und sie würden es genießen, die Welt zu erobern.*

**Skorpion und Stier** *ergänzen sich als gegensätzliche Zeichen. Skorpion ist reine Sexualität. Also gepaart mit Stier, dem sinnlichsten Zeichen des Tierkreises, wird der heftige sexuelle Appetit des Skorpions befriedigt. Sie werden Hindernisse zu überwinden haben, beide sind unglaublich stur, aber dieses Paar bildet eine wirklich erotische Beziehung.*

**Skorpion und Zwillinge** bilden ein exzentrisches Paar. Die Urwerte des Skorpions unterscheiden sich sehr von den Legionären der Zwillinge, der auch indiskret und gesellig ist und es genießt, seine Meinung zu ändern.   Skorpion hingegen ist durchdringend, umsichtig und fest in seinen Meinungen.  Der effektive Stachel von Skorpion kann größere Kreaturen fesseln, aber das kosmische Spinnentier ist dem Zwilling nicht gewachsen. Damit dieses Paar funktioniert, muss jedes Zeichen die Unterschiede des anderen akzeptieren. Wenn Skorpion sich von seinem Bedürfnis befreien kann, alles zu verbergen, und Zwillinge bereit sind, Skorpion auch nur einmal gewinnen zu lassen, kann die Beziehung dauern.

**Skorpion-Krebs** fließt ohne Anstrengung. Krebs umarmt die intensiven Emotionen des Skorpions, die himmlische Krabbe kommt vom Skorpion aus ihrer Schale, das heißt, sie geht die Extrameile. Krebs ist zu Beginn einer Beziehung vorsichtig, aber mit Skorpion ist er von Anfang an verletzlich.  In dieser magischen Beziehung fällt es dem Skorpion schwer zu überqueren, weil seine Stärke sehr stark ist. Krebs kann manchmal traurig über die Unfähigkeit des Skorpions sein, sich führen zu lassen, aber am Ende des Tages ist es eine der besten Beziehungen im Tierkreis. Wenn sie sich verpflichten, paaren sie sich fürs Leben.

**Skorpion und Löwe** sind die verdächtigsten Tierkreiszeichen. Wenn es um diese beiden Zeichen geht, ist die Energie immer die von zwei natürlichen Rivalen, die den Ring betreten. Leo verabscheut es, beiseite gelegt zu werden, und schätzt Skorpions versteckte Bewegungen als absichtlich knifflig. Auf der anderen Seite verspottet Skorpion Leos Unfähigkeit, seine Motive zu verbergen. Wenn sie jedoch eine Beziehung eingehen, ist ihre kombinierte Energie unzerstörbar. Obwohl es nicht einfach sein wird, ist diese Vereinigung mutig und leidenschaftlich.

**Skorpion und Jungfrau** dominieren sie, indem sie mit ihren Prototypen spielen.  Skorpion will anziehen, und Jungfrau will gefesselt werden. Daher gibt es eine faszinierende Spannung zwischen den beiden, ein Zerren und eine Büste, die eine perverse Beziehung schaffen können. Aber diese Verbindung ist etwas mehr, die Beziehung basiert auf echter Bewunderung. Jungfrau ist von der Gier des Skorpions inspiriert, und Skorpion schätzt die Praktikabilität der Jungfrau.  Hier wird es gelegentlich zu Konflikten kommen, wenn sich der Skorpion von der Jungfrau verurteilt und geprüft fühlt.

**Skorpion und Waage,** kämpfen um Macht, Skorpion beabsichtigt, den Blick der Waage anzupassen, und dies will die Achse seines Universums sein.  Waage mag es, unschuldig zu erscheinen, und die kosmischen Waagen genießen

Den Skorpion mit seinen oberflächlichen Flirts täuschen. Wenn diese beiden Zeichen aufhören zu spielen, kann ein fabelhaftes Paar gebildet werden.  Natürlich wird es zu Zusammenstößen kommen, da die Energie von Luft und Wasser zusammen Hurrikane erzeugt, aber

Reibung ist nicht immer ein Bruchfaktor. Im Fall von Skorpion und Waage können sie tatsächlich Wärme erzeugen.

Die Beziehung zwischen **Skorpion und Skorpion** macht Spaß. Skorpion ist stolz darauf, der rutschige Tierkreis zu sein. Deshalb strebt er, wenn er sich mit einem seiner eigenen verbindet, danach, seine geheimnisvolle Stärke zu erhalten. Diese Beziehung wird von tiefen Geheimnissen, Leidenschaft und dem Bedürfnis nach Kontrolle angetrieben, was es für Sie beide schwierig machen kann, eine Bindung aufrechtzuerhalten. Wenn sie es jedoch schaffen, die anfänglichen Reibungen zu überwinden, kann es perfekt funktionieren.

**Skorpion und Schütze** sind eine faszinierende Beziehung. Skorpion ist fasziniert von Schütze und wundert sich. Skorpion ist kein Anwärter auf Schütze, auch wenn der Abenteurer unter dem ätherischen Eskorpion laufen muss. Im Laufe der Zeit können sowohl Skorpion als auch Schütze die Beziehung satthaben, schließlich braucht Skorpion Ehrlichkeit und ein bisschen Geheimnis, und Schütze braucht Unabhängigkeit. Wenn sie sich jedoch entscheiden, es zum Laufen zu bringen, werden sie eine interessante Beziehung eingehen.

**Skorpion und Steinbock**, es ist eine komplizierte Beziehung. Die meisten Zeichen können Steinbock rücksichtslosen Ehrgeiz nicht ertragen, aber Skorpion ist von seiner Bewegung überzeugt. Tatsächlich wird Skorpion vorgeben, Steinbock dazu zu bringen, sich zu verlieben, indem er seine eigene Kühnheit zeigt. Wenn es sich um eine langfristige Beziehung handelt, ist Steinbock sehr anspruchsvoll, beide Zeichen werden den größten Teil ihres Werbens damit verbringen, den Lebenslauf des anderen zu untersuchen, bis sie am Ende eine romantische und sexuelle Beziehung entwickeln. Diese Beziehung ist intensiv, da Skorpion und Steinbock eine langfristige Verpflichtung erwarten und wenn sie sich verpflichten, können sie diese erreichen.

**Skorpion und Wassermann** sind Zeichen der gleichen Modalität. Diese Zeichen sind zwei Rätsel, die jeder zu entschlüsseln versucht. In ähnlicher Weise kombinieren Skorpion und Wassermann sich gegenseitig und genießen es, indem sie die Schichten der Komplikation des anderen entfernen. Skorpion, durstig nach Macht, wird zustimmen müssen, wenn er die Freiheit des Wassermanns zugeben kann, und dies wiederum muss die Unruhe des Skorpions mit der Kontrolle in Einklang bringen. Wenn Sie jedoch ein Paar sind, können Sie einen Weg zur Arbeit finden, Ihre Beziehung wird magisch, geheimnisvoll und besonders sein.

**Skorpion und Fische** sind eine Beziehung voller Emotionen. Die außergewöhnlichen psychischen Kräfte der Fische können den Skorpion ärgern, der sich hauptsächlich auf Gleichberechtigung konzentriert. Die Empathie der Fische beruhigt den Skorpion, und gemeinsam werden sie es genießen, in die innere Welt des anderen einzutauchen. Solange der Skorpion freundlich ist und Fische lernen, sich selbst zu schützen, werden sie es lieben, gemeinsam eine feierliche Herrschaft unter dem Meer aufzubauen.

### Schütze

**Schütze** ist ein Zeichen des ewigen Geistes und des Sammelns von Wissen.  Sie können ihn finden, wie er die Meere überquert und auf Ihren Reisen auf der Suche nach Nervenkitzel in alle Verstecke des Universums eintaucht.

Wenn jeden Tag und jede Stunde Liebe gesprochen wird, ist dies ein Abenteuer für dieses aktive Feuerzeichen. Jupiter, der Planet des Überflusses, ist der Herrscher des Schützen, das Glück verfolgt dieses Zeichen, wohin es auch geht, und als astrologischer Zentaur wünscht sich Schütze mentale, philosophische oder spirituelle Entwicklung und natürlich viel Spaß.

Schütze hat die Fähigkeit, alles, selbst die irdischeste Aktivität, in eine faszinierende Leistung zu verwandeln.  Buchstäblich alles hat eine Geschichte, und weil Schütze ein großartiger Redner ist, können Sie diese Erinnerungen mit Ihren Freunden, Ihrer Familie und Außenstehenden auf eine Weise teilen, die jeden Ort inspiriert und beleuchtet. Und provoziert ansteckendes Gelächter in seinem Publikum.

Da dieses Feuerzeichen attraktiv ist, ist es immer von eifrigen Zuschauern umgeben, mit anderen Worten, dieses Zeichen ist definitiv das berühmte Kind des Tierkreises. Als veränderliches Zeichen ist Schütze auch anpassungsfähig, tatsächlich hat er einen verwurzelten Wunsch nach wiederholter Veränderung. Schütze liebt es, neue Ethiken, Ideologien und Logiken zu erwerben, Perspektiven zu wechseln und, vielleicht am wichtigsten, die Welt zu bereisen.

Der Tierkreiswanderer hat eine wandernde Qualität und kann launisch werden, wenn er sich lange an einem Ort aufhält, daher ist es wichtig, dass dieses Zeichen die Freiheit hat, es zu erkunden. Nicht jeder hat die Fähigkeit, mit den immer wackeligen Sorgen des Schützen Schritt zu halten, also wenn es um Leidenschaft geht, ist dieses Feuerzeichen dafür bekannt, Herzen zu erobern.

Schütze ist auch der Clown des Tierkreises, er erzählt immer eine Geschichte oder einen Witz, so dass jedes Gespräch von Witzen und beträchtlicher Aufrichtigkeit durchdrungen ist. Obwohl sie keinen Gegner haben, muss Schütze daran denken, mit seiner stumpfen Zunge und satirischen Kommentaren vorsichtig zu sein. Manchmal überschreitet ihre Energie das Limit und sieht anmaßend oder sogar verabscheuungswürdig aus.

Die veränderliche Qualität des Schützen macht es etwas rau, wenn es um Entscheidungen wie die Festlegung einer Verpflichtung in einer Beziehung geht. Da er so viele Möglichkeiten hat, leidet er darunter, die richtige Beziehung zu wählen, weil er sich gerne alle Optionen offenhält.

Um sich nicht überschattet zu fühlen, müssen Sie ehrlich mit diesem Zeichen sein, mit ihm sprechen, sich anmelden und alles wird gut, denn wenn etwas, das Schütze schätzt, Aufrichtigkeit ist.

Mit seinem unveränderlichen Abenteuergeist ist das Ausgehen mit Schütze wie das Fliegen in einem Ballon oder der Sprung von einem Fallschirm bei schlechtem Wetter, weil er gerne am Rande lebt, wo es eine größere Chance gibt, etwas Neues zu entdecken.

Wenn es um Beziehungen geht, werden die Dinge mit Schützen gefährlich, da Sie dazu angeregt werden können, risikoreiche Beziehungen zu verfolgen. Es ist nicht einfach, die Aufmerksamkeit *des Schützen auf sich zu ziehen, schließlich bleibt der Zentaur nicht lange genug an einem Ort, um die Motivation aufrechtzuerhalten. Wenn Sie also versuchen, einen Schützen mitzuerobern, müssen Sie dieses dynamische Zeichen auf Ihren Füßen halten, Sie werden die energetischsten Aspekte Ihrer Persönlichkeit nicht fürchten.*

*Schütze wird angezogen, um sich zu verteidigen, stellen Sie sicher, dass Sie Ihren komfortablen Kommunikationsstil beibehalten. Lebhaft und freigeistig, neigt der Zentaur dazu, ein sorgloses oder sexähnliches Aussehen zu haben, und ihre körperlichen Beziehungen können von zufällig bis engagiert reichen, und da er ein natürlicher Archäologe ist, ist Sex immer ein Ereignis für dieses feurige Zeichen.*

*Schütze sieht Intimität als eine Gelegenheit zur Selbstfindung und intellektuellen Erholung, so dass er, wenn es um Sex geht, dazu neigt, ein ernsthafter Emotionsverfolger zu sein. Wenn Schütze beschließt, Dinge zu begehen, die sich nicht ändern, müssen Sie versuchen, einen abenteuerlichen Lebensstil 24/7 beizubehalten.*

*Ernsthafte Beziehungen bestehen darin, Schwächen zu teilen, eine Unterstützungsmethode zu schaffen und die Realitäten gemeinsam anzugehen, aber wenn Ihre Reiseroute dem von Schützen vorgeschlagenen Programm nicht widerstehen kann, versuchen Sie, jeden Tag zu einem Ereignis zu machen.*

*Erwägen Sie, alternative Wellness-Praktiken mit Ihrem Zentaurenpartner zu erkunden, Sie werden es lieben, Ihre spirituellen Grenzen mit Ihnen an Ihrer Seite zu entwickeln. Wenn es um Abenteuer geht, sucht Schütze einfach nach einem lustigen Begleiter, er möchte mit jemandem zusammen sein, der ihn herausfordert, seinen Horizont zu erweitern. Aber vergessen Sie niemals, dass selbst innerhalb einer Beziehung Schütze Grenzen hasst, also wenn Sie in einer Beziehung mit diesem Zeichen sind, stellen Sie sicher, dass Sie Ihr Gateway bereit haben. Sie werden nicht wissen, was kommt, aber es wird sicher eine unerbittliche Reise.*

*Grenzen sind keine schlechte Sache, in der Tat bieten sie einen soliden Rahmen für die Beziehung. Wenn Sie mit Schütze interagieren, versuchen Sie, von Anfang an Dinge zu schaffen, die klären, was in einer Beziehung bequem ist und was nicht. Wenn Sie möchten, dass Ihr Schütze Ihnen jede Nacht Nachrichten sendet, müssen Sie es ihm von Anfang an sagen, denn auf diese Weise wird es für den Schützen einfacher sein, die Beziehung zu verstehen, wenn die Regeln klar sind. Schütze ist immer auf der Suche nach neuen Emotionen, seine Freiheit muss respektiert werden, um eine gesunde langfristige Beziehung aufrechtzuerhalten, lassen Sie ihn wissen, dass Sie begierig sind, an seinen Berufen teilzunehmen, aber erlauben Sie ihm, die Entscheidung für sich selbst zu treffen und vermeiden Sie, dass er sich schuldig fühlt, wenn er sich entscheidet, es für sich selbst zu tun.*

*Schütze ist sehr aufrichtig, also wenn du eine Trennung beginnst, sind die Begriffe einfach, wenn du sagst, dass es vorbei ist, ist es wirklich vorbei, damit gibt es kein Zurück. Da er Bohème ist, fällt es ihm leicht, zu packen und zu gehen, wenn es nicht funktioniert. Tatsächlich kann sich der Schütze oft vorwärtsbewegen, als ob eine Beziehung nie existiert hätte.*

***Schütze und Widder*** *sind eine Beziehung voller Energie.  Schütze hat eine ansteckende Vitalität, es ist lustig und neugierig.  Fast niemand kann auf dem Weg eines Schützen gehen, Widder hingegen bewundert und lässt sich von diesem aktiven Zeichen inspirieren. Die eigene Energie des Widders wird durch das Feuer des Schützen perfektioniert, und innerhalb der Beziehung sind beide motiviert, ihre* inhärente Neugier zu erforschen. Obwohl diese Beziehung für immer sein kann, müssen sie vorsichtig sein. Dieses Paar ist definitiv ein Tanklaster, da beide Zeichen explosiv sein können. Jeder muss sich verpflichten, dem anderen nach einem Streit viel Raum zum Entspannen zu geben.

**Schütze und Stier** haben völlig entgegengesetzte Bedürfnisse. Stier muss Ihre Komfortzone intakt halten, ohne Ihre Sicherheit zu gefährden, während Schütze den Schock und die Reinheit der Erkundung benötigt. Stier verbindet Erfolg mit Dingen, während Schütze seine Errungenschaften mit Abenteuer in Verbindung bringt. Stier prahlt mit seinen festen Gedanken, während Schütze die Fähigkeit schätzt, seine Meinung zu ändern. Obwohl diese beiden Zeichen in völlig unterschiedlichen Paralleluniversen existieren, sind sie in der Lage, sich in einer Beziehung zu vereinen. Wenn sie einen Weg finden, ihre gegensätzlichen Ansichten zu schätzen, bietet diese Beziehung ein starkes Gleichgewicht, das beide Zeichen inspiriert.

**Schütze und Zwillinge** sind entgegengesetzte Zeichen. Nicht alle entgegengesetzten Zeichen sind kompatibel, aber diese Vereinigung ist eine der vollständigen Assoziationen, die es in der Astrologie gibt. Beim Schützen dreht sich alles um die gesamte Landschaft. Zwillinge hingegen werden durch das angeregt, was auf einer konkreteren Ebene existiert. Dieses Luftzeichen erforscht alle kleinen Details und füllt die Lücken des Schützen. Wenn sie miteinander verbunden sind, inspirieren sich diese beiden Zeichen gegenseitig in dem, was sie neugierig macht.

**Schütze und Krebs** sind eine schwierige Beziehung, aber wenn es um Herzprobleme geht, gibt es nichts Unmögliches. Wenn ihre Beziehung am besten ist, wird Schütze begeistert sein, ihre Geschichten mit Krebs zu teilen, der ein ausgezeichneter Zuhörer ist. Diese beiden Zeichen existieren jedoch in verschiedenen Räumen. Krebs erfordert ein Zuhause, um sich sicher zu fühlen, während das Glück des Schützen von seiner Unabhängigkeit abhängt, um eine Pilgerreise zu unternehmen.

 Ehrliche Kommunikation ist immer der Schlüssel in der Liebe, wenn diese Zeichen mutig sind, können Sie gemeinsam voranschreiten und es tun.


**Schütze und Löwe** sind gleichbedeutend mit Leidenschaft und Liebe. Schütze ist vom dramatischen Löwen verzaubert, und er wird vom feurigen Schützen total gepfeilt.  Isoliert haben diese Zeichen zwei der größten Naturen des Tierkreises, so dass, wenn sie ihren Wirbel erreichen, die Dynamik enthusiastisch, kreativ und voller Vitalität ist.

Einfach gesagt, es macht einfach Sinn. Diese Feuerzeichen, die so kompatibel sind, werden jedoch schnell erkennen, dass es keine perfekte Beziehung gibt. Der egozentrische Löwe braucht die Sicherheit und Ehrlichkeit eines zuverlässigen Partners, und Schütze kann diese Dinge oft nicht anbieten. Es ist nichts Persönliches, nur keine Beziehung wird die Freiheit des Schützen ersetzen.

Dies ist für Leo schwer zu akzeptieren, so dass dieses Paar häufig in Konflikte verwickelt sein kann.

**Schütze und Jungfrau** *sind einige der am wenigsten wahrscheinlichen Paare, die überleben. Jungfrau alles ist Tickets und organisiert, und Schütze hasst es, sich etikettiert zu fühlen. Da Schütze ständig seinem Pfeil hinterherjagt, hat er den Ruf, unzuverlässig zu sein. Jungfrau wird logischerweise viele Probleme haben, mit ihrer immer unsicheren Reiseroute aktualisiert zu werden, also wenn sie sich verpflichten, muss der Zentaur das Unmögliche tun und seine Jungfrau gut behandeln. Jungfrau ist diejenige, die ein Abenteuer erfindet, aber wenn die richtige Gelegenheit kommt, ist sie neugierig. Jungfrau ist nüchtern und lässt sich nicht von seinen Wünschen mitreißen. Schütze, lernt er gerne. Damit die beiden das Beste aus dieser Beziehung herausholen können, muss Jungfrau aufhören, alles im Detail zu untersuchen und im Moment leben; und Schütze muss sehr geduldig sein müssen. Wenn Sie beide zustimmen, wird Ihr Sexualleben sehr angenehm sein.*

*In dieser Beziehung wird die Spannung vorhanden sein, dieses Paar muss durch gemeinsame Interessen einen gemeinsamen Raum finden und die Möglichkeit erkunden, eine Sprache zu schaffen, die einzigartig ist.*


**Schütze und Waage** *beginnen oft als Freunde, beide Zeichen sind intellektuell, so dass sie sich auf einer mentalen Ebene verbinden. Natürlich entwickelt sich die sexuelle Anziehung schnell. Waage wird von Venus regiert, während Schütze von Jupiter regiert wird, den beiden Planeten, die als wohltätig bekannt sind, definitiv ist diese Vereinigung äußerst wohlwollend. Alles ist großartiger als das Leben mit diesen beiden Zeichen, sogar Kämpfe.*

Schütze ist manchmal enttäuscht von der verführerischen Natur der Waage, und Waage kann sich leicht über die schlüssige Haltung des Schützen aufregen. Aber auch im schlimmsten Fall verstehen sich Schütze und Waage wirklich. Wenn sich die Waage aus dem Herzen ausdrückt und der Schütze die Geduld aufrechterhält, wird ihr romantisches Leuchten oder sie für den Rest ihres Lebens intensiv brennen, auch nach der Trennung.

Waage ist sentimentaler als Schütze, aber zwischen ihnen gibt es viel sexuelle Kompatibilität. Die sympathische Waage sucht zu befriedigen und neigt dazu, Sexualität als Kunst zu sehen. Beide müssen den passenden Rahmen für die Liebe schaffen.

**Schütze und Skorpion sind** in vielerlei Hinsicht sehr unterschiedlich, obwohl beide leidenschaftliche Menschen sind. Die Leidenschaft des Skorpions wird von Emotionen angetrieben, während die Leidenschaft des Schützen von Neugier genährt wird. Wenn sie vereint sind, erzeugen diese Leidenschaften eine dynamische Energie, die sich darauf konzentriert, das Leben in vollen Zügen zu genießen. Sex kann ihnen helfen, aber damit sie Erfolg haben, erfordert die Beziehung extremes Engagement. Skorpion und Schütze mögen etwas Besonderes haben, aber sie müssen hart arbeiten.

**Schütze und Schütze,** wenn sie ihre Bögen aufstellen, ihre Pfeile und reiten ihre Pferde reisen weit. Dieses Paar ist großartig, zusammen reisen sie, lernen und haben vielleicht am wichtigsten, Spaß. Keiner von euch nimmt das Leben zu ernst, was es euch erschweren kann, eine langfristige, engagierte Beziehung aufzubauen. Da keiner der Zentauren es wagen würde, den anderen einzusperren, dauert es *lange, bis das Schütze-Schütze-Paar offiziell wird. Aber wirklich, so mögen es diese Bogenschützen, und dieses Paar wird sich immer mehr für ihre individuellen Neuheiten engagieren als für das Paar.*

**Schütze und Steinbock,** *wenn sie von Anfang an zusammenkommen, spüren sie eine Spannung, die schwer zu überwinden ist. Schütze wird von Jupiter regiert, während Steinbock von Saturn regiert wird, den beiden Planeten, die als führend in der Astrologie gelten. Bei Jupiter dreht sich alles um die Diffusion von Grenzen, während Saturn mit der Begrenzung verbunden ist. Ebenso kann diese Beziehung als Diskrepanz wahrgenommen werden. Durch einen reflektierten Austausch und gegenseitiges Verständnis kann diese Beziehung jedoch durchaus erfolgreich sein. Es ist möglich, dass der Schütze nie versteht, warum Steinbock zu jeder Zeit so vorsichtig ist, und Steinbock ist durch den starren Optimismus des Schützen gestört. Unabhängig davon basiert diese Verbindung auf gegenseitigem Respekt, und wenn die beiden vertrauensvoll und unterstützend sind, hat die Beziehung das Potenzial, durch alle Probleme zu navigieren.*

**Schütze und Wassermann** *haben eine substanzielle Chemie. Beide Zeichen sind unabhängig und jedes schätzt die einzigartige Lebenseinstellung des anderen. Obwohl der Schütze flexibler ist als der Wassermann, wissen beide Zeichen, dass das Leben außerhalb seiner eigenen Grenzrealität existiert. Schütze und Wassermann wollen gemeinsam die Regeln brechen und das Establishment herausfordern. Einzigartigkeit und Nonkonformität sind so starke Kräfte hinter dieser Beziehung, dass es schwierig ist, eine Identität als Paar zu etablieren.*

**Schütze und Fische**, diese Zeichen sind der maximale Ausdruck ihres Elements in der Astrologie. Schütze ist ein rustikales Feuer und Fische ist ein Abgrund im Meer.  Da die beiden s-Zeichen so ausgedehnt sind, kann keines das andere völlig verschlingen. Der Schütze wird von der lebhaften Fantasie der Fische befriedigt, während Fische von der abenteuerlichen Seele des Schützen vorgeschlagen werden.  Beide Zeichen sind Weltenbummler, daher kann es schwierig sein, diese Beziehung zu verankern. Wenn beide jedoch zufrieden sind, die Beziehung in einem weniger definierten und subtileren Bereich zu halten, werden sie als wirklich fantastisches Paar gedeihen.

## *Steinbock*

**Steinbock,** *ist ein Zeichen, das durch die Seeziege, ein Tier halbe Ziege und den Schwanz eines Fisches dargestellt wird. Dieses Geheimnis oder Exemplar kann an Land genauso leben wie im Wasser, was die Fähigkeit des Steinbocks darstellt, seine Logik mit seiner Intuition in Einklang zu bringen. Das ehrgeizigste Tierkreiszeichen weiß, wie man diese Fähigkeiten in die Praxis umsetzt.*

*Steinbock wird vom Bürgermeister Saturn regiert, dem Planeten, der das Wetter und die Einschränkungen aufwühlt. Saturn in der Astrologie hat die Rolle, schwierige Lektionen zu lehren, und Steinbock ist diesen Leiden nicht fremd.*

*Steinbock macht normalerweise viel Arbeit in seiner Kindheit und Jugend, aber dann verjüngt er sich, wird optimistisch und macht Spaß, der reift.  Seine Charakterstärke begleitet ihn immer, und Steinbock nutzt diese innere Stärke, um Hindernisse zu überwinden und seine langfristigen Ziele zu erreichen. Kurz gesagt, dieses Zeichen wird niemals zulassen, dass irgendetwas oder irgendjemand seinem Erfolg im Wege steht.*

*Als Kardinalzeichen eignet sich Steinbock hervorragend für den Start von Projekten und die Übernahme von Führungspositionen, und seine positive Einstellung führt ihn dazu, in jedem Beruf zu triumphieren.*

*Steinbock liebt es, mit seinen engsten Freunden zu teilen, und dieses Erdzeichen schätzt die Zeit mit seinen Partnern.  Steinbock genießt es, eine Umgebung mit Gleichgesinnten aufzubauen, und in jedem ernsthaften Steinbock gibt es einen sehr schelmischen Charakter.*

*Anfangs, da er kein Selbstvertrauen hat, sieht es ein bisschen traditionell und konservativ aus, aber die Leute, die Steinbock am nächsten stehen, wissen, dass sich diese Seeziege in eine echte Nacht- und Party verwandeln kann, ohne anzuhalten.*

*Steinbocks Ehrgeiz inspiriert entweder die Apathischen, aber aufgrund seiner unerschütterlichen Herangehensweise hat er auch den Ruf, kalt und emotionslos zu sein. Aus Gewohnheit denkt er normalerweise immer an das große Ganze und hat nicht die Zeit oder Energie, seine Freunde zu beraten.*

*Obwohl nicht alle Steinböcke gleich sind, muss Steinbock sich daran erinnern, dass nicht jeder Erfolg im Leben in einem Lebenslauf erscheinen kann, und schließlich ist Empathie wichtiger als jede berufliche Karriere. Mitgefühl und Ehrgeiz schließen sich nicht gegenseitig aus, und wenn er die Fähigkeit hat, diese Aspekte seines Lebens zu vereinen, wird er viel zufriedener sein.*

*Steinbock hat immer einen hohen Status, aus diesem Grund wird er von Paaren angezogen, die ehrgeizig sind. Die Menschen, die sie anziehen, sind diejenigen, die professionelle oder kreative Talente oder sogar Humor haben. Wenn Sie sich in einen Steinbock verlieben, stellen Sie sicher, dass Sie Ihre besten Eigenschaften hervorheben und Ihre Fähigkeiten betonen. Steinbock wird sich für Sie interessieren.*

*Steinbock möchte solide Grundlagen in seinen romantischen Beziehungen zu s schaffen, damit er keine Zeit in unbedeutenden Beziehungen verbringt, er geht nicht von Zweig zu Zweig und wenn er Interesse zeigt, bedeutet das, dass er dich wirklich mag. Zunächst kann sein Verliebtheitsstil traditionell sein, er möchte sein Geld nicht zum Vergnügen ausgeben, bis es keine Sicherheit mehr gibt. Wenn Gefühle geboren werden, wird sich Steinbock offenbaren, und es wird weniger streng sein.*

*Der Steinbock-Liebhaber nähert sich der Sexualität mit Betonung und Hingabe, die Dinge sind schwarz und weiß, wenn es um Sex geht. Für dieses Zeichen ist es entweder ein Ausdruck von Romantik, oder es ist eine ungezwungene Nacht. Wenn es keine emotionale Bindung gibt, kann Sex mit Steinbock steril sein, mit einem Geschäft mit einem Fremden. Aber wenn er jemanden loslassen will, an den er emotional gebunden ist, zeigt er seine innere Monstrosität.*

*Steinbock, wenn es um Sex geht, ist wettbewerbsfähig, aus diesem Grund wird er Sie bitten, ihm Ihr ganzes Sexualleben zu erzählen, schämen Sie sich nicht, weil er konkurrieren oder das verbessern will.*

*Um eine Beziehung zu Steinbock aufrechtzuerhalten, müssen Sie sich nur daran erinnern, dass für Steinbock Liebe wie ein Geschäft ist, und obwohl er nicht für Ovationen arbeitet, wie es andere tun, verlangt er Ehrfurcht, besonders von seinem Partner. Sobald eine Beziehung die Anfangsphase hinter sich gelassen hat, beginnt Steinbock, die Verbindung zu vertiefen. Steinbock muss mit jemandem zusammen sein, der vertrauenswürdig ist und auch die Rolle des Beraters spielt.*

*Für dieses Zeichen ist Arbeit überlebenswichtig und ein produktives Ventil für ihre inneren unterbewussten Kämpfe. Steinbock wird immer dankbar für die Gelegenheit sein, seine Verletzlichkeit seinem Partner zu offenbaren und so nicht nur einen Liebhaber, sondern auch einen Freund zu gewährleisten.*

*Steinbock ist bekannt für seine Ausdauer, und in einer Beziehung würde man erwarten, dass die Traktion seines Partners ihm gleichkommt oder ihn übertrifft. Dieser Wunsch ist nicht nur, ein* starkes Paar zu sein, sondern eine Lebensqualität aufzubauen und zu erhalten, die Steinbock schützen kann. Nichts ist für einen Steinbock sexy als harte Arbeit. Steinbock hasst faule Menschen, und wenn Sie so sind, ist es überhaupt keine.

Wenn Steinbock viel Druck auf ihren Partner ausübt, kann auf beiden Seiten Ressentiments entstehen, und um dies zu vermeiden, müssen sie bedenken, dass sich jede Person in ihrem eigenen Tempo bewegt und, vielleicht am wichtigsten, ihre eigene Definition von Triumph hat.

Wenn Steinbock zufällig beginnt, Sie als Assistenten zu behandeln, kann die Beziehung an ihrem Punkt des Verschwindens sein, und obwohl es kein Lügner ist, wenn Steinbock beschließt, in die Irre zu gehen, wird es es als Marktforschung analysieren, dh seine besten Optionen erkunden, um zu schließen, welche Art von Beziehung es ist. Die vorteilhaftesten.

Am Ende des Tages ist alles eine Verhandlung für diesen astrologischen Administrator, selbst die emotionalsten Situationen können mit einem guten Angebot abgefedert werden. Liegen Sie nicht falsch, wenn Steinbock glaubt, dass eine Beziehung Ihren Erwartungen entspricht, wird er bis zum Ende dafür kämpfen.

Aber wenn er entdeckt, dass die Mathematik nicht mehr die Zahlen liefert, die sie geben soll, wird er sich darauf vorbereiten, den Markt zu schließen.  Ehrlich gesagt ist er liebevoller, als sein Prestige vermuten lässt, aber er versucht nie, jemanden davon zu überzeugen, zu bleiben, wenn er nicht daran interessiert ist, weiterzumachen. Wenn Sie gesegnet sind, einen Steinbock zu sichern, ist Ihnen ein stabiler, loyaler Partner garantiert.

**Steinbock und Widder,** obwohl ehrgeizig, definieren Erfolg sehr unterschiedlich. Steinbock steigt langsam den Berg hinauf, während Widder sich mit dem Kopf nach oben bewegt. Um ehrlich zu sein, kann der kindliche Überschwang des Widders für den strengen Steinbock unangenehm sein, für ihn scheint er vernachlässigt und unraffiniert. Widder hingegen können Steinbock manchmal als unkreativ und langweilig empfinden.  Für diese beiden unternehmerischen Zeichen ist nicht alle Hoffnung verloren. Wenn sie lernen können, die Logik des anderen zu akzeptieren, können sie eine Beziehung aufbauen, die auf Verständnis und Respekt basiert. Außerdem genießt ihr beide Sex, und es lohnt sich definitiv, darauf zu wetten.


**Steinbock und** Stier sind ein natürliches Paar. Stier ist in die Hingabe des Steinbocks verliebt, da die Seeziege die Stabilität bietet, nach der sich der Stier sehnt. Darüber hinaus schätzt Steinbock die Sinnlichkeit des Stieres, was der manchmal harten Hartnäckigkeit der Seeziege mehr Nuancen verleiht. Steinbock und Stier sind praktische Menschen, die sich wirklich verstehen. Keine Beziehung ist jedoch perfekt und Steinbock und Stier können sich in ihrer gemeinsamen Komfortzone schützen. Beziehungen sollen zum Spaß und zum Teilen sein, daher sollten diese beiden Zeichen sicherstellen, dass die Flamme der Liebe mit ein wenig Spontaneität am Leben bleibt.

**Steinbock und Zwillinge** sind eine Kombination aus seltener Liebe. Tatsächlich sind diese Zeichen so unterschiedlich, dass eine romantische Beziehung zwischen ihnen verrückt genug ist, um zu funktionieren. Steinbock ist fasziniert von Zwillings Gewandtheit, und Zwillinge wollen alle Weisheit absorbieren, die Steinbock zu bieten hat. Gemeinsam könnt ihr euch gegenseitig unschätzbare Lektionen beibringen und euch gegenseitig professionell, kreativ und natürlich sexuell inspirieren. Innerhalb dieser Beziehung wird Steinbock auch sicherstellen, dass sie ihre perversesten Neigungen zeigen. Alle Beziehungen erfordern Verhandlungen und Kompromisse, wenn also beide Zeichen bereit sind, in gemeinsame Ziele zu investieren, haben sie das Potenzial, lebenslange Partner zu sein.

**Steinbock und Krebs,** sind Tierkreiszeichen, symbolisieren die himmlischen Vorläufer. Steinbock repräsentiert die starke Energie des Vaters, während Steinbock die starke Energie des Vaters darstellt, während Steinbock die starke Energie des Vaters darstellt, während Steinbock die starke Energie des Vaters darstellt, während Cáncer mit der weiblichen Energie der Mutter verwandt ist. Diese Schilder teilen traditionellere Ansichten über Romantik. Sie streben danach, eine sichere häusliche Umgebung zu schaffen, voller Unterstützung und Engagement. Natürlich kämpfen auch die hingebungsvollsten Paare, also wenn diese beiden Zeichen planen, zusammenzukommen, sollten sie bereit sein, einen gelegentlichen Kampf zu akzeptieren.

**Steinbock und Löwe,** obwohl keiner es zugeben will, leben die beiden heimlich besessen voneinander. Steinbock ist fasziniert von Leos dramatischem Stil, und Leo ist inspiriert von Steinbock unglaublicher

*Arbeitsmoral. Sie haben das Potenzial, ein unglaubliches Power-Paar zu bilden, aber zuerst müssen sie bereit sein, ihr Ego loszulassen. Insbesondere muss Leo akzeptieren, dass der konsequente Ansatz von Steinbock manchmal Konkurrenz gewinnt, und Steinbock muss erkennen, dass Leos Drama eine effektive Methodik ist. Es wird immer Konflikte in dieser Beziehung geben, aber wenn du es vorschlägst, wird diese Spannung rein sexuell werden, und beide Zeichen sind sehr daran interessiert, wie man Energien ausdrückt.*

*__Steinbock und Jungfrau,__ es ist eine sehr gute Beziehung.  Steinbock arbeitet hart, um Sicherheit in Ihr Leben zu bringen. Als Elementbrüder, weil sie beide Erdzeichen sind, hat Jungfrau ähnliche Bestrebungen.  Folglich ergeben diese Zeichen ein großartiges Team. Steinbock schätzt die Organisation der Jungfrau, und Jungfrau bewundert die expansive Vision des Steinbocks. Dies ist ein fleißiges und rationales Paar. Wenn es jedoch um die Beziehung geht, müssen diese beiden sicherstellen, dass ihre Mechanik nicht zu praktisch wird.  Wenn Sie sowohl neue Wege finden, sich gegenseitig zu pushen als auch sexuell attraktiv zu sein, können Sie eine Beziehung aufbauen, die von Dauer ist.*

*__Steinbock und Waage,__ sie müssen sehr hart arbeiten, um eine Beziehung aufrechtzuerhalten.  Steinbock ist ein Workaholic. Einige Schilder schätzen ihren Ehrgeiz, aber diese Lebenseinstellung ist sicherlich nicht jedermanns Sache. Es ist eine Beziehung, in der beide Zeichen sicherstellen müssen, dass sie auf der gleichen Seite sind. Waage, der Diplomat des Tierkreises, kann durch den Stoizismus des Steinbocks frustriert sein.*

*Als harter Arbeiter hat Steinbock keine Zeit für Feinheiten, die die gleiche Art von sozialer Interaktion sind, die Waage vorantreibt. Steinbock ist leicht genervt von der übermäßig angenehmen Natur der Waage. Wenn sich diese beiden Zeichen vereinen, muss sich Steinbock daran erinnern, dass Waage nicht sein Assistent ist, und Waage muss auch seine Rolle als treuer Partner des Steinbocks akzeptieren. Wenn Sie lernen können, Ihre Unterschiede zu respektieren, wird dies eine erfolgreiche Vereinigung sein.*

**Steinbock und Skorpion,** *es eine Beziehung ist dunkel, mysteriös, aber sehr sexy.   Skorpion ist besessen oder von Macht und Kontrolle, aber wenn er Steinbock trifft, erkennt jemand, der so orientiert oder an seinen Zielen orientiert ist, dass niemand, nicht einmal seine verführerischen Kräfte, ihn aus dem Gleichgewicht bringen kann.*

*Dies ist aufregend für Skorpion, der Überstunden macht, um die schwer zu gewinnende Zuneigung des Steinbocks zu gewinnen. Währenddessen sitzt Steinbock und entspannt sich, dieses Erdzeichen liebt es, Skorpion beim Schwitzen zuzusehen.*

*Während dieses Tauziehen erotisch ist, müssen diese beiden, wenn sie eine Beziehung pflegen wollen, sicherstellen, dass ihre Beziehung nicht ausschließlich auf Themen der Dominanz und Unterwerfung basiert.*

**Steinbock und Schütze** *haben einfach nicht viel Perspektive. Der optimistische Schütze macht Steinbock verärgert. Wenn dieses Paar lernen kann, zusammenzuarbeiten, können sie eine ausgewogene Beziehung aufbauen, die gleichzeitig leidenschaftlich und stabil ist. Es* *kann Engagement erfordern, aber am Ende ist alles im Leben eine Transaktion.*

**Steinbock und Steinbock, und** *diese beiden entzünden sich gegenseitig mit ihrer Moral und Integrität der Arbeit, so dass es sehr wahrscheinlich ist, dass sie sich zuerst in einer Umgebung oder Fakultät verbinden. Diese Verbindung ist jedoch selten. Diese erfahrenen Seelen können eine Beziehung aufbauen, da sie die Fähigkeit haben, ein unaufhaltsames Duo als eines der wildesten und vielleicht erfolgreichsten Powerpaare im Tierkreis zu bilden. Angetrieben von ihrem Ehrgeiz machen zwei Steinböcke ein Doppelzimmer in einem Hotel.*

**Steinbock** *und* **Wassermann** *haben unterschiedliche Lebensansätze. Steinbock hat seine Wurzeln. Wassermann, Fortschritte in Ideen, um intellektuelle Dynamik zu erforschen, oft gegen alles Etablierte.*

*Wassermann sehnt sich danach, das Modul zu brechen, an dessen Erstellung Steinbock hart arbeitet. Natürlich wird es Spannungen innerhalb dieser Beziehung geben, aber Steinbock und Wassermann können auch voneinander lernen. Obwohl es einige Zeit dauern kann, bis jeder die Versprechen des anderen schätzt, hat dieses Paar das Potenzial für Kompatibilität.*

**Steinbock und Fische** sind eine Beziehung.  Der Ehrgeiz des
Steinbocks und die Kreativität der Fische ist eine unfehlbare
Erfolgsformel. Als Wasserzeichen haben Fische oft rein künstlerische
Visionen.

Ihm fehlt jedoch die notwendige Grundlage, um seine Träume in die
Realität umzusetzen, und als er Steinbock trifft, erhält er die Hilfe,
seine abstrakten Ideen in die materielle Welt zu transportieren.

 Steinbock muss seine Zeit sorgfältig zwischen diesen beiden
Tatsachen einteilen, und Fische müssen ihm den Raum dafür geben.
Wenn diese Zeichen lernen können, das gemeinsame Leben als Paar
zu navigieren, wird Ihre Beziehung ausgezeichnet sein.

### Wassermann

**Wassermann,** *symbolisiert durch den Wasserträger, der der Erde Leben gibt, Wassermann ist ein ehrenwertes Luftzeichen.*

*Fortschrittlich und rebellisch, existiert es, um Ordnung zu schüren. Wassermann glaubt an Gerechtigkeit und Gleichheit, und für diesen Denker ist alles sozial oder politisch. Er glaubt, dass jede Handlung eine Reaktion hat und ebenso alle seine Entscheidungen eine Moral widerspiegeln. Im Herzen Rebell, verachtet dieses Luftzeichen Autorität und beeilt sich, alles abzulehnen, was Konventionalität darstellt.*

*Er glaubt wirklich, dass Perspektivwechsel das Gemeinwohl verbessern, und er versucht nicht, einige Glocken zu läuten, wenn es um soziale Gerechtigkeit geht. Diese ungewöhnliche Lebensweise ist inspirierend für die Menschen um ihn herum, und er liebt es zu beweisen, dass man immer groß träumen kann. Wenn Sie in einem Projekt auf ein Hindernis gestoßen sind, hat Wassermann die Lösung.*

*Wassermann wird von Uranus regiert, dem Planeten, der Innovation, Technologie und einflussreiche Ereignisse beherrscht. Er hat eine Begabung für den Aufstieg, weshalb er oft als Tierkreis-Wunderkind bezeichnet wird. Klug und veränderungsfreudig, ist er der modernen Gesellschaft immer zwei Schritte voraus. Sturheit ist seine Achillesferse.*

*Die Beharrlichkeit des Wassermanns ist eindeutig mit seinen starken und rechtschaffenen Lehren verbunden, und diese Eigenschaft wird übertönt, sobald er die Gelegenheit hat, positive Veränderungen zu* verkünden. Da Wassermann immer so von Gleichberechtigung motiviert ist, arbeite ich für ihn als Team und in Gemeinschaften von Gleichgesinnten.

Wassermann braucht viel Raum, um zu reflektieren, Ideen zu formen und seine Rolle in jeder Sache zu planen, die er verteidigt, Freiheit, sowohl in der Theorie als auch in der Praxis, ist superwichtig für dieses Zeichen.

Tatsächlich ist jeder, der die Freiheit des Wassermanns herausfordert, sein Gegner.  Wie Sie sehen können, ist es schwierig, sich in den Wassermann zu verlieben, da er sich auf die Gesellschaft als Ganzes konzentriert und nicht auf einen Smalltalk mit einer Person.  Doch obwohl sie es nicht zugeben will, ist sie ein warmblütiges Individuum, das auch Zuneigung braucht.

Weil Wassermann kein so physisches Wesen ist, ist Liebe wie Freundschaft, er liebt es, außerhalb des Gewöhnlichen zu denken, so dass seine Herangehensweise an die Datierung unkonventionell ist. Anstelle des traditionellen Zitats sollten Sie etwas in Betracht ziehen, das Ihren persönlichen Interessen entspricht, aber denken Sie auch daran, dass Wassermann denkt, dass jedes Interesse und Hobby die Ethik einer Person widerspiegeln sollte, also stellen Sie sicher, dass Sie genau herausfinden, was Ihnen gefällt, bevor Sie eine Reservierung vornehmen.

Das Wichtigste, woran Sie sich bei der Romantik mit Wassermann erinnern sollten, ist, dass Sie persönlichen Raum in Mengen benötigen. Allein Zeit ist für dieses Zeichen unerlässlich, in der Tat wirst du rebellieren, wenn du dich eingesperrt fühlst. Wenn Sie Zweifel haben, kommen Sie zurück und warten Sie, bis der Wassermann zu Ihnen kommt. Denken Sie daran, obwohl er *distanziert ist, ist die Wahrheit, dass er sich sehr kümmert, er hat nur seine einzigartige Art, diese Gefühle auszudrücken.*

*Wassermann ist exzentrisch, also hasst er es, etikettiert und kategorisiert zu werden, und ist besonders begeistert von Menschen, die unkonventionelle Stile haben, die verschiedene Erscheinungen kombinieren.*

*Mit seinem Kopf so hoch in den Himmel, ist es kein Wunder, dass dieses Zeichen den Ruf hat, distanziert zu sein, wenn es um intime Beziehungen geht. Obwohl er sich oft mehr mit dem Abstrakten beschäftigt, täuscht er Sie aus fleischlichen Begierden nicht, weil Wassermann das Vergnügen liebt und weiß, was er will.*

*Stimulieren Sie Ihren Wassermann-Liebhaber, indem Sie die Rollen wechseln, mit verborgenen Wünschen experimentieren und neue Wege erkunden, um Ihre individuelle Sexualität auszudrücken, und da Wassermann mit Technologie verwandt ist, werden die neuesten Lustgeräte Sie mehr stimulieren als Ihre Fantasien.*

*Obwohl es schwierig ist, sein Bedürfnis nach Freiheit mit den Bedürfnissen der Beziehung in Einklang zu bringen, versteht Wassermann, wenn er sich verpflichtet, dass alles eine Verhandlung ist. Grundsätzlich möchte er, dass die Dinge fair sind, nicht dass seine Vorlieben die Beziehung dominieren. Wenn Sie also eine Beziehung zum Wassermann pflegen, experimentieren Sie mit der gemeinsamen Erstellung verschiedener Parameter.*

*Denken Sie daran, dass die Trennung von Zeit zu Zeit nicht unbedingt emotionale Distanz bedeutet, ein wenig Trennung hilft, Liebe und Vertrauen zu vertiefen und die Grundlage für eine konkrete Beziehung zu schaffen.*

*Es ist auch wichtig zu beachten, dass, obwohl Wassermann seine Emotionen auf ungewöhnliche Weise ausdrückt, er Gefühle hat, er tut sein Bestes, um ein aufmerksamer und freundlicher Partner zu sein, und es wird von Ihrer Unterstützung abhängen.*

**Wassermann und Widder** *bilden eine interessante, weil beide Zeichen im Rhythmus ihrer eigenen Musik marschieren Weder Wassermann noch Widder wollen durch Konventionen Sozialismus eingeschränkt werden, also respektieren sie die Unabhängigkeit des anderen. Diese Beziehung kann einige Anpassungen erfordern, um das volle Potenzial zu erkennen. Wassermann kann durch das egozentrische Aussehen des Widders frustriert sein, und Widder kann sich aufgrund der charakteristischen Distanzierung des Wassermanns verunsichert fühlen. Diese Beziehung wird von der Kommunikation profitieren, daher müssen beide Partner bereit sein, in ihrem verbalen Ausdruck aufrichtig zu sein. Wenn Sie sich beide weiterhin daran erinnern können, warum Sie ineinander investieren, können Sie eine gesunde Beziehung aufbauen.*

**Wassermann und Stier** *sind zweifellos die beiden hartnäckigsten Tierkreiszeichen. Tatsächlich können beide die Steuerelemente des anderen drücken. Der rebellische Wassermann mag die Verehrung des Stiers durch die Tradition nicht, und Stier fühlt sich von der strengen Moral des Wassermanns angegriffen. Wenn sich diese Zeichen entscheiden, sich zu assoziieren, müssen sie lernen, ihre Unterschiede zu schätzen, was für solche hartnäckigen Zeichen keine leichte Aufgabe ist. Wassermann kann jedoch lernen, das materielle Reich zu schätzen, während Stier üben kann, toleranter gegenüber*

*verschiedenen Wassermann-Weltanschauungen zu sein. Diese
Beziehung wird nicht einfach sein, aber wenn die Liebe stark ist,
können diese beiden es schaffen.*


***Wassermann und Zwillinge** sind eine einzigartige Beziehung.
Wassermann ist bekannt für seine Humanität. Dieses Zeichen des
Luftelements genießt allgemeines Denken und ist motiviert durch die
soziale Arbeit, die den Fortschritt inspiriert. Als Air Gemahlin
bewundert Gemini den Innovationsgeist von Wassermann, der auch
die Szene für den redseligen Zwilling komponiert. Wassermann,
genieße den freudigen Geist der Zwillinge, und durch diese
intelligente Mechanik ist diese Beziehung wirklich enthusiastisch.
Obwohl dieses Duo hart arbeiten muss, um auf dem Boden zu bleiben,
ist die Luft schließlich am reichlichsten, wenn sie sich beide
engagieren, investieren sie gemeinsam in sich selbst und in das Wohl
der Menschheit.*


***Wassermann und Krebs,** diese Beziehung ist nicht unmöglich, aber es
ist nicht die wahrscheinlichste. Krebs wird Ihre Freunde und Familie
immer an die erste Stelle setzen, während Wassermann die
Gemeinschaft einfach nicht auf die gleiche Weise sieht. Für ihn ist es
das größere Wohl der ganzen Welt. Alles hat eine soziale oder
politische Nuance, so dass Sie bereit sind, Ihre Komfortzone zu
verlassen, um Ihren Standpunkt zu beweisen.*

*Das macht Krebs Angst, die nicht einmal die Idee begreifen kann, ihre
Komfortzone absichtlich aufzugeben. Während sich Krebs jedoch
mehr auf seinen nahen Bereich konzentriert, sind beide Zeichen
innovative Intellektuelle mit herausragenden Ideen. Obwohl es*

*schwierig sein kann, können Wassermann und Krebs mit der richtigen Balance zwischen Höflichkeit und Verständnis ihre Kräfte bündeln.*

**Wassermann und Löwe** *sind ein großartiges Paar. Wassermann hilft, Leos Ego zu dämpfen, und Leo zeigt Wassermann, dass es in Ordnung ist, manchmal ein wenig Glamour in seine Welt zu bringen.*

*Da Löwe den Anführer darstellt und Wassermann Menschen symbolisiert, hat dieses Paar ein umfassendes Verständnis für komplexe soziale Systeme. Löwe ist jedoch ganz Herz und Wassermann ist alles Gehirn. Dies ist eine äußerst wichtige Unterscheidung, da die für den Wassermann charakteristische distanzierte Natur Leos Stolz bedrohen kann.*

*Glücklicherweise, wenn beide einen Mittelweg finden können, Wassermann etwas liebevoller und Leo etwas weniger theatralisch ist, können diese beiden ein Verhältnis schaffen, das eine dauerhafte Beziehung erzeugt.*

**Wassermann und Jungfrau** *haben Unterschiede, Luftzeichen sind vom Abstrakten inspiriert, während Erdzeichen von der Realität stimuliert werden, aber seltsamerweise eine ideale Beziehung schaffen. Jungfrau hilft Wassermann, die Nuancen zu verstehen, während Wassermann Jungfrau ermutigt, das große Ganze zu erforschen. Das tiefe Problem, das diese beiden Zeichen überwinden müssen, sind ihre unterschiedlichen Beziehungen zur Autorität. Während Jungfrau es hasst, die Regeln zu brechen, lebt Wassermann für die Gelegenheit, das Establishment herauszufordern. Wenn jedoch* *jeder lernen kann, die Perspektive des anderen zu verstehen, können sie eine besondere Beziehung aufbauen.*


**Wassermann und Waage, stimmen** *in vielen Punkten überein, wenn diese beiden Luftzeichen ihre Kräfte vereinen, ist es schwierig zu wissen, ob sie sich verbinden, um Sex, Liebe oder sozialen Status zu haben. Obwohl Wassermann niemals akzeptieren wird, dass er opportunistisch ist, sind sich beide Zeichen seiner sozialen Kontakte bewusst. Waage, er sehnt sich danach, geliebt zu werden, und Wassermann will beweisen, dass seine Ansichten richtig sind. Während Wassermann und Waage sich mühelos verstehen, sollte jeder sicherstellen, dass Sie in das Verhältnis für das richtige Motiv investieren. Andernfalls wird diese Verbindung verblassen.*


**Wassermann und Skorpion** *können eine unzerstörbare Beziehung darstellen.  Skorpion wird mit Sex in Verbindung gebracht, Wassermann hingegen ist nicht so lustvoll. Es ist nicht so, dass sich der Wassermann von der Sexualität löst, der Wasserträger verbrennt definitiv sein Blut, was passiert, ist, dass er eine ganz andere Herangehensweise an die Erotik hat. Wassermann ist an Erfahrung interessiert, während es beim Skorpion um die Fähigkeit der Verführung geht. Diese Ungleichheit zeigt die Spannung zwischen diesen beiden Zeichen, sie haben einfach völlig unterschiedliche Formen. Wenn sie jedoch lernen können, zusammenzuarbeiten und in ihre Leidenschaft und gegenseitige Anziehung zu investieren, ist die Beziehung möglich.*

**Wassermann und Schütze** sind eine harmonische Beziehung. Symbolisiert durch Luft bzw. Feuer schaffen sie eine spannende Vereinigung. Wassermann inspiriert den Schützen, seine Liebe zur Philosophie mit sozialer Gerechtigkeit zu vereinen, während der Schütze den Wassermann dazu bringt, sozialer zu sein. Zusammen haben diese beiden Zeichen alle Zutaten für einen äußerst effektiven Partner. Damit sie jedoch eine romantische Beziehung aufrechterhalten können, müssen sie sicherstellen, dass sie auch Zeit miteinander verbringen. Keines dieser Zeichen ist spezifisch durch eine Beziehung motiviert, so dass es für sie schwierig sein kann, eine dauerhafte Vereinigung zu bilden. Aber wenn sie bereit sind, ihre Massenagitation mit gelegentlichen Auftritten zu besänftigen, wird es sich definitiv lohnen.

**Wassermann und Steinbock,** sie können große Schwierigkeiten haben, eine Beziehung aufrechtzuerhalten. Der logische und gierige Steinbock hat seine Wurzeln im Hier und Jetzt, also in seinen beruflichen Aufgaben. Wassermann hingegen schreitet mit dem Abstrakten voran und sucht nach innovativen Ideen und einzigartigen intellektuellen Möglichkeiten, sehr oft gegen etablierte Systeme. Während Wassermann daran arbeitet, die Strukturen abzubauen, die Steinbock geschaffen hat, entsteht Spannung zwischen den Zeichen. Glücklicherweise gibt es auch viel, was Steinbock und Wassermann voneinander bekommen können. Diese geborenen Führer können schätzen, was der andere zu bieten hat. Es braucht nur ein wenig Geduld. Irgendwie ist Wassermann in der Lage, sich zu verlieben, ohne irdische Grundlage. Diese beiden können jedoch Schwierigkeiten haben, eine dauerhafte Beziehung aufzubauen.

**Wassermann und Wassermann ist eine** schwierige Beziehung, buchstäblich fast unmöglich, denn für sie ist es eine Herausforderung, verankert zu bleiben. Wassermann hasst es, eingesperrt zu sein, was schwierig sein kann, wenn er sich verlobt. Abhängig von den persönlichen Vorlieben benötigen eines oder beide Zeichen möglicherweise jemanden, der etwas realistischer ist. Die gute Nachricht ist, dass sie sich von der Exzentrizität des anderen ernähren können und dass jeder die charakteristische Wassermann-Sensibilität des anderen versteht, die andere Menschen oft missverstehen.

**Wassermann und Fische** können sich gegenseitig befriedigen. Während Wassermann den Tag damit verbringt, Edikte zu schreiben, schreibt Fische lieber Gedichte.  Trotz ihrer unterschiedlichen Ausdrucksweisen sind sowohl Wassermann als auch Fische Menschenfreunde, die eine Situation sehen und sich sofort fragen, was zu tun ist, um sie zu beheben. Der intellektuelle Ansatz des Wassermanns ist zwar bewundernswert, aber den intuitiven Fischen fremd, die hauptsächlich von Emotionen bewegt werden. Ebenso ist die sanfte Berührung der Fische außergewöhnlich für den Wassermann, der sich frei durchs Leben bewegt.  In dieser Beziehung beginnt das Spiel stark, aber jeder Partner muss hart arbeiten, um die kategorischen Bedürfnisse des anderen zu erfüllen. Wassermann wird Fische brauchen, um ihn zu inspirieren, während Fische Wassermann brauchen, um zu zeigen, dass er sich kümmert.

## Fische

*Fische werden entweder durch zwei Fische symbolisiert, die in entgegengesetzte Richtungen schwimmen, verbunden durch einen unsichtbaren Faden, eine Darstellung ihrer Existenz an der Kreuzung von Utopie und Realität. Es ist das letzte Tierkreiszeichen, und aus diesem Grund hat Fische alle Lektionen gesammelt, die von den elf führenden Zeichen erfahren wurden.*

*Es ist das spirituellste Zeichen auf dem Tierkreisrad. Sanft und zuvorkommend, aber mürrisch wie ein Exemplar, das in den tiefen Gewässern des Ozeans lebt. der Nebel of Fische wird von Neptun regiert, dem Planeten, der Kreativität und Träume sowie Utopie und Eskapismus kontrolliert. Neptun ist verschwenderisch, faszinierend, aber manchmal kann es beängstigend sein.*

*Diese Eigenschaften spiegeln sich in Fischen wider. Als Wasserzeichen hat es eine enorm multidimensionale Tiefe und eine Magie, die es für andere verführerisch macht. So wie das Meer seine Wellen wechselt, ist es manchmal ruhig, phantasiert über morgen und denkt über Seelen und die Ereignisse seines Lebens nach, und zu anderen Zeiten ist es energisch und gewalttätig., die ihre verborgenen Sensibilitäten in grandiose Strömungen entkoppeln.*

*Da das Meer eine mächtige und gefährliche Kraft ist, bevor Sie mit der Eroberung von Fischen beginnen, lassen Sie sich nieder und bereiten Sie sich auf das ganze Ausmaß der Schrecken vor, die sich Ihnen nähern.*

*Fische, die sich seiner Methode verschrieben haben, sind nie misstrauisch, wenn es darum geht, seine Meinung zu ändern, außerdem genießt er die Gelegenheit, neue Ansätze und Ideen zu begrüßen.*

*Fische sind kein Groll oder Sie können den größten Konflikt der Welt haben und ihn vollständig aus Ihrem Kopf löschen. Fische helfen auch anderen, das Leben von ihren Ansätzen aus zu sehen, und Sie können sich darauf verlassen, dass er Ihnen unter allen Umständen hilft.*

*Er fragt immer nach neuen Methoden, um seinen Horizont zu erweitern, und Fische lieben es, seine Spiritualität durch Gewohnheiten zu steigern, die die Vorstellungskraft verändern, auch wenn es bedeutet, eine Meerjungfrau in einem Sumpf zu jagen, seit dem letzten Sternzeichen, ist er sich sehr sicher. Diese Realität ist immateriell. Dieses Zeichen ist ein emotionaler Schwamm, der definitiv alles in seiner Umgebung anzieht, sogar das, was auf der feinstofflichen Ebene existiert.*

*Mit solch großer Empathie, bevor Fische eine neue Beziehung eingehen, sollten Sie sich Zeit nehmen, um darüber nachzudenken, wie Sie sich wirklich fühlen, Unbehagen zu beobachten, und wenn sich die Dinge komisch anfühlen, werden Sie die Energie sicherlich absorbieren. s dunkel des aurischen Feldes der anderen Person.*

*Wenn Fische erkennen können, woher diese Spannung kommt, wird es für ihn einfacher sein zu erkennen, wie die Gefühle anderer ihn körperlich beeinflussen. Dies kann Ihnen helfen, sich auf die Festlegung von Trennlinien zu konzentrieren und zu vermeiden, in Zukunft von den Schwierigkeiten anderer belastet zu werden. Fische ist eine umgängliche, liebevolle und reine Seele, die von Träumen,*

*Musik und Liebe belebt wird. Ein Fisch zu daten, ist wie in die tiefsten Teile des großen Ozeans einzutauchen, es ist aufregend und mysteriös.*

*Fische fließen instinktiv in unkonventionelle Menschen, die im Takt ihrer eigenen Trommeln marschieren. Das bedeutet jedoch nicht, dass Ihr idealer Partner sozial enterbt ist.*

*Fische bevorzugen Paare, die mit innovativen und liberalen Gemeinschaften verbunden sind. Wenn es um ein Nachtdate mit Fischen geht, denken Sie daran, eine Oper zu besuchen, eine Kunstgalerie zu besuchen oder sich für einen Workshop für bildende Kunst anzumelden. Er wird beeinflusst oder von Erfahrungen, grundsätzlich solchen, die nicht-orale und nicht-körperliche Kräfte beinhalten, in der Tat wird jede Erfahrung mit den spirituellen Fischen bestätigt, um eine tiefe subjektive Erforschung zu implizieren.*

*Im Laufe der Zeit und Interaktion können Sie genau untersuchen, welche Arten von Praktiken Ihr Partner dieses Zeichen ertragen kann oder nicht, also vermeiden Sie zu Beginn Ihres Engagements etwas Exorbitantes. Diese scharfsinnige Kreatur kann nichts Grobes tolerieren.*

*Mit dieser beträchtlichen spirituellen und emotionalen Personalisierung ist die Fische-Paarung zutiefst sentimental, und diese Tiefseekreatur versteht intime Beziehungen als die Allianz zweier erhabener und korrekter Seelen. Fische können unerwarteten Sex haben, aber sie entscheiden sich dafür, mit jemandem zusammen zu sein, der ihnen wichtig ist, und ehrlich, bevor sie so tief fallen.*

*Dieses empfindliche Zeichen hat Probleme, Grenzen zu schaffen, da es auf See keine Grenzen gibt. Eine lockere Beziehung zu Fischen zu haben ist wie eine Reise in eine andere Galaxie, und es ist viel schwieriger, sich innerhalb einer etablierten Beziehung auf ihre Gezeiten einzulassen.*

*Eine dauerhafte Beziehung zu Fischen zu strukturieren ist eine Kunst, sie erfordert Furchtlosigkeit, Schwung und Anpassung. Fische arbeiten in seiner besonderen Realität, daher ist es nicht verwunderlich, dass dieses verträumte Wasserzeichen etwas hart sein kann. Er kann Pläne für die Zukunft mit Ihnen machen, um ein Haus kaufen oder ein Kind haben zu wollen, und dann nach einer Weile seine Meinung ändern. Das ist enttäuschend, aber es lohnt sich nicht, Fische über ihr unehrliches Verhalten zu konfrontieren, weil ihnen der emotionale Rahmen fehlt, ihr einziger Schutz besteht darin, schwimmend wegzulaufen, und wenn Sie nicht wussten, dass Fische dazu neigen, das Boot zu verlassen weniger anzugreifen.*

*In einer Beziehung müssen Fische sich daran erinnern, dass die Emotionen ihres Partners kommuniziert werden müssen, es kann schwierig für sie sein, etwas zuzugeben, was sie nicht hören wollen, aber Kommunikation ist der Schlüssel dazu, dass die Beziehung nicht verloren geht.*

*Wenn Sie das Gefühl haben, dass Ihr Fische-Partner anfängt, wegzudriften, ist eine Möglichkeit, ihn anzuziehen, die Musik. Auf den ersten Blick sieht es nach etwas Einfachem aus, aber personalisierte Dinge werden definitiv das Herz dieses kleinen Fisches erobern und ihm helfen, sein Vertrauen in die Beziehung wiederherzustellen.*

*Wenn eine Beziehung jedoch den Punkt erreicht, an dem es kein Zurück mehr gibt, werden sich Fische leise isolieren. Er zieht es vor, nicht mit dem Problem zu kämpfen, daher ist seine bevorzugte Form des Bruchs oft vage und nicht endgültig.*

**Fische und Widder** sind eine Beziehung, in der gegenseitiger Respekt geteilt wird.  Obwohl, wenn das letzte Tierkreiszeichen mit dem ersten Zeichen verbunden ist, kann niemand die Ergebnisse erraten. Fische, ist gesättigt mit Wissen und Aufregung. Widder als Zeichen des Feuers ist ängstlich oder ehrlich und egoistisch.  Das Ego des Widders schadet nicht, da es es motiviert, zu funktionieren, und wenn es mit Fischen in Verbindung gebracht wird, können sich diese ungleichen Ideologien unverhältnismäßig anfühlen. Wenn Fische jedoch die Wildheit des Widders als Teil ihrer Unschuld zugeben können und Widder die üppige Seele der Fische verstehen kann, können sie eine effiziente Ergänzung sein.

**Fische und Stier** sind sentimental, so dass diese beiden Zeichen plötzlich angezogen werden. Fische lieben Kunst und Poesie, während Stier Essen und Wein liebt. S u Beziehung ist ein Erlebnis

völlig jenseitig. Interessanterweise ist das, was Fische und Stier verbindet, jedoch nicht ihr Geschmack, sondern ihre Fähigkeit, sich gegenseitig substanziellere Lektionen beizubringen.  Fische helfen dem greifbaren Stier, undefinierte Ideen wahrzunehmen, während Stier leidenschaftliche Fische ermutigt, ein wenig mehr an der Realität festzuhalten. Zusammen sind diese Zeichen mehr als romantische Paare, sie sind Inspirationen voneinander.

**Fische und Zwillinge,** abgesehen von ihrem Problem, sich selbst zu unterstützen, sind kompatibel. Fische fühlen sich von Zwilling sozialer Meisterschaft verzaubert, während Zwillinge mit der mühelosen Kreativität von Fischen zufrieden sind. Beide veränderlichen Zeichen werden durch Doppelzüngigkeit gespeist, Fische werden durch zwei

*Fische und Zwillinge durch Zwillinge symbolisiert, so dass sie ständig in entgegengesetzte Richtungen getrieben werden. Genauso leicht wie sie zusammenkommen, trennen sie sich auch. Damit die Beziehung funktioniert, müssen sich diese beiden Zeichen gegenseitig unterstützen und ein echtes Engagement für dieselbe Bewegung begründen. Obwohl beide dazu neigen, wegzulaufen, ist es die beste Entscheidung, bei dieser enthusiastischen Beziehung zu bleiben, die beide Zeichen treffen können.*

**Fische und Krebs** *können perfekt funktionieren. Fische gehören zu einer anderen Welt. Beliebt für seine süßen Fähigkeiten, herzliche Kreativität und effektive Hellsichtigkeit, zieht dieses Wassertier Energien, Auren und alles, was in den feinstofflichen Bereichen des Lebens existiert, an. Krebs, auch ein Meerestier, ist die perfekte Kombination für Fische. Die Beziehung der Fische zu diesem Wassergenossen kann angenehm und akklimatisiert sein. Krebs kann von Fischen lernen, wie sie ihre eigenen intuitiven Fähigkeiten aufpolieren können. Natürlich können Veranstaltungen von Zeit zu Zeit etwas rutschig werden.*

**Fische und Löwe** *sind kreativ, aber sie drücken es auf unterschiedliche Weise aus. Während Leo es genießt, im Mittelpunkt zu stehen, liebt Fische es, komplexe Werke zu schaffen, die seine eigene Welt widerspiegeln. Wenn sie harmonisiert sind, können diese beiden Zeichen als Gottheiten des anderen fungieren und den anderen dazu inspirieren, seine eigenen künstlerischen Fähigkeiten weiterzuentwickeln. Wasser und Feuer sind jedoch verheerend. Das Meer der Emotionen von Fischen wird durch das Drama des Löwen* verdampft, und die Flamme des Löwen wird von den Emotionen der Fische befeuchtet, in der Tat wird es Arbeit für dieses Paar brauchen, um zu dauern. Sie werden lernen müssen, ihre Prioritäten zu berücksichtigen, aber wenn sie bereit sind, kann diese Beziehung zutiefst anregend sein.


**Fische und Jungfrau** sind sensibel und mitfühlend, so dass sich diese Gegensätze auf einer zutiefst einfühlsamen Ebene aufeinander beziehen. Innerhalb dieser sanften Beziehung streben beide danach, das Beste auseinander herauszuholen und so eine schöne und stabile Beziehung zu schaffen. Der logische Verstand der Jungfrau hilft Fischen, ihre Ziele zu erreichen, während der kreative Einfallsreichtum der Fische die Jungfrau dazu inspiriert, ihren eigenen künstlerischen Ausdruck zu erforschen. Obwohl Fische und Jungfrau von Freundlichkeit und gegenseitiger Unterstützung profitieren können, können Probleme entstehen, wenn diese Zeichen zu Märtyrern werden.  Diese Zeichen sollten uns daran erinnern, dass es in Beziehungen mehr um Verantwortung als um Opfer geht. Wenn jedes Zeichen die gesamte Beziehung blutend passiert, gibt es nichts mehr zu feiern.


**Fische und Waage** sind eine komplexe Beziehung. Für diese beiden Zeichen kann sich ihre Begegnung wirklich, wie Liebe auf den ersten Blick anfühlen.  Dieensitiven Fische und die nachdenkliche Waage sind von Natur aus romantisch, so dass sie plötzlich in dieses kosmische Wort der Liebe einfließen. Fische und Waage wollen eine Beziehung aufbauen, die erfolgreich ist, aber keiner von beiden ist sich ganz sicher, wie sie ihre Vereinigung aufrechterhalten können.

*Da keines der beiden Zeichen besonders überzeugend ist, ist es für diese beiden einfacher, sich gegenseitig aus der Ferne auszurotten. Auf der anderen Seite hassen sowohl Fische als auch Waagen Konflikte, also wenn es gefährlich wird, fliehen sie. Wenn Sie beide eine dauerhafte Beziehung pflegen wollen, müssen Sie Grenzen schaffen, Bedingungen festlegen und Ihre Bedürfnisse kommunizieren, auch wenn es sich um einen sporadischen Streit handelt.*

**Fische und Skorpion** *sind eine sehr spirituelle Beziehung. Skorpion ist eindeutig diskret, und während die anderen Zeichen Schwierigkeiten haben, ihre Privatsphäre zu akzeptieren, respektiert Fische diese Grenzen gerne. Fische sind von Natur aus psychisch und brauchen Skorpion nicht wirklich, um persönliche Informationen zu teilen. Unter ihnen gibt es nonverbale Kommunikation. Skorpion, schätzen dies und können Fischen beibringen, wie sie ihre Bedürfnisse verteidigen können. Fische brauchen viel Platz, um zu untersuchen, und Skorpion neigt dazu, besitzergreifend zu sein, diese beiden müssen einen Rhythmus festlegen. Am Ende des Tages bilden Fische und Skorpion ein verantwortungsbewusstes und wirklich schönes Paar.*

**Fische und Schütze** *verstehen sich sofort, da beide Wanderer sind, obwohl sie als Wasserzeichen und Feuerzeichen entsprechend unterschiedliche Domänen untersuchen. Beim Verbinden werden wichtige Details zu ihren charakteristischen Feldern bilateral geliefert. Fische und Schütze erleuchten sich gegenseitig und nähren gegenseitige Werte. Sie können jedoch Probleme haben, lange* verwandt zu bleiben.  Fische brauchen Wasser, um aufregend zu bleiben, und Schütze benötigt ein stabiles Medium, um ihre Feuererwärmung aufrechtzuerhalten. Damit Fische und Schütze in einer romantischen Beziehung bestehen können, müssen sie ihre Distanz anerkennen und sich gegenseitig die Freiheit geben, sich zu bewegen.

**Fische und Steinbock** sind entsprechend Zeichen von Wasser und Erde und leben in glücklicher Harmonie. Die Beziehung kann sich etwas verdunkeln, da Fische sehr emotional und sensibel sind, während Steinbock hauptsächlich von der greifbaren Welt genährt wird.

In den meisten Fällen sind diese Unterschiede inspirierend, aber Fische können sich von der Härte des Steinbocks ertränkt fühlen, und Steinbock kann durch das Fehlen der Fische-Bodenbindung entmutigt werden.

Glücklicherweise können sie zustimmen, da Fische mit ihrer Kreativität zusammenarbeiten können, und Steinbock kann das Setup bereitstellen, um Fischen zu helfen, ihre Träume wahr werden zu lassen.

**Fische und Wassermann** Die letzten beiden Tierkreiszeichen bilden ein attraktives Paar. Wenn die effektive Energie der Luft Wassermann' mit dem überschwänglichen Wasser der Fische, Taifune werden erwartet.  Sie bilden jedoch tatsächlich ein dynamisches Paar, da beide Zeichen dazu geprägt sind, die Geheimnisse des Lebens zu erforschen, und obwohl Wassermann mit der Wissenschaft und Fische *mit der Spiritualität verbunden ist, hat jedes eine tiefe Wertschätzung für sie. Die Ansätze anderer. Die beiden können sich gegenseitig ablenken, indem sie mit ihren komplexen Theorien und spekulativen Ideologien zusammenarbeiten. Während es für Fische und Wassermann schwierig sein kann, über die Whirlpools zu kommen, können sie ein ausgezeichnetes Team bilden.*

*__Fische und Fische, es ist__ kein Paar, es ist ein Aquarium. Sie sind romantisch, idyllisch und sensibel, so dass diese Beziehung hauptsächlich auf Zartheit und Kreativität basiert. In der Tat, weil Fische so psychisch sind, kann diese Beziehung karmisch sein. Es ist eine Beziehung aus anderen Leben. Aber es gibt keine Grenzen im Meer, und ebenso ist es für diese beiden ähnlichen schwierig, ihre romantische Ähnlichkeit zu definieren. Wenn sie dies jedoch tun, kann die Bindung zu sehr in den Nervenkitzel vertieft werden, was es für diese Fische sehr leicht macht, voneinander abhängig und so destruktiv zu werden. Wenn sie eine gesunde Beziehung aufbauen wollen, müssen sie herausfinden, wie sie einen kompakten Überbau um ihre rohen Sentimentalitäten herum aufbauen können. Am wichtigsten ist, dass Sie beide lernen müssen, die Pflege für sich selbst mit gegenseitiger Fürsorge zu kompensieren.*

*Zusätzlich zu ihrem astrologischen Wissen verfügt Alina Rubi über eine reichhaltige Berufsausbildung; Sie hat Zertifizierungen in Psychologie, Hypnose, Reiki, Bioenergetische Heilung mit Kristallen, Engelheilung, Traumdeutung und ist spirituelle Lehrerin. Rubi hat Kenntnisse der Gemmologie, mit der er Steine oder Mineralien programmiert und sie in mächtige Amulette oder Schutztalismane verwandelt.*

*Rubi hat einen praktischen und zielgerichteten Charakter, der es ihm ermöglicht hat, eine besondere und integrierende Vision von mehreren Welten zu haben, die Lösungen für spezifische Probleme erleichtert. Alina schreibt die Monatshoroskope für die Website der American Association of Astrologers, Sie können sie auf der www.astrologers.com Website lesen.  In diesem Moment schreibt er eine wöchentliche Kolumne in der Zeitung El Nuevo Herald über spirituelle Themen, die jeden Sonntag in digitaler Form und montags in gedruckter Form erscheint. Er hat auch ein Programm und ein Wochenhoroskop auf dem YouTube-Kanal dieser Zeitung. Sein astrologisches Jahrbuch erscheint jedes Jahr in der Zeitung "Diario las Américas" unter der Rubrik Rubi Astrologa.*

*Rubi hat mehrere Artikel über Astrologie für die monatliche Publikation "Today's Astrologer" geschrieben, Astrologie, Tarot, Handlesen, Kristallheilung und Esoterik gelehrt. Sie hat wöchentlich Videos zu esoterischen Themen auf ihrem YouTube-Kanal: Rubi Astrologa. Sie hatte ihr eigenes Astrologieprogramm, das täglich durch Flamingo T.V. ausgestrahlt wurde, wurde von mehreren Fernseh- und Radioprogrammen interviewt, und jedes Jahr wird ihr "Astrologisches Jahrbuch" mit dem Horoskop Zeichen für Zeichen und anderen interessanten mystischen Themen veröffentlicht.*

*Sie ist Autorin der Bücher "Reis und Bohnen für die Seele" Teil I, II und III, einer Zusammenstellung esoterischer Artikel, die in Englisch, Spanisch, Französisch, Italienisch und Portugiesisch veröffentlicht wurden. "Geld für alle Taschen", "Liebe für alle Herzen", "Gesundheit für alle Körper", Astrologisches Jahrbuch 2021, Horoskop 2022, Rituale und Zaubersprüche für den Erfolg im Jahr 2022, Zaubersprüche und Geheimnisse, Astrologiekurse, Rituale und Amulette 2023 und Chinesisches Horoskop 2023 alle in fünf Sprachen verfügbar: Englisch, Italienisch, Französisch, Japanisch und Deutsch.*

*Rubi spricht perfekt Englisch und Spanisch, vereint all ihre Talente und Kenntnisse in ihren Lesungen. Er lebt derzeit in Miami, Florida.*

*Für weitere Informationen können Sie die Website besuchen www.esoterismomagia.com*